Rolf Meier

30 Minuten für

den Umgang mit schwierigen Chefs

Bibliografische Information Der Deutschen Bibliothek

Die Deutsche Bibliothek verzeichnet diese Publikation in der Deutschen Nationalbibliografie; detaillierte bibliografische Daten sind im Internet über http://dnb.ddb.de abrufbar.

Umschlag und Layout: die imprimatur, Hainburg
Lektorat: Diethild Bansleben, Leipzig/Hanau
Satz: Zerosoft, Timisoara, Rumänien
Druck und Verarbeitung: Salzland Druck, Staßfurt

Hinweis:
Das Buch ist sorgfältig erarbeitet worden. Dennoch erfolgen alle Angaben ohne Gewähr. Weder Autor noch Verlag können für eventuelle Nachteile oder Schäden, die aus den im Buch gemachten Hinweisen resultieren, eine Haftung übernehmen.

Printed in Germany

ISBN 10: 3-89749-618-6
ISBN 13: 978-3-89749-618-7

In 30 Minuten wissen Sie mehr!

Dieses Buch ist so konzipiert, dass Sie in kurzer Zeit prägnante und fundierte Informationen aufnehmen können. Mithilfe eines Leitsystems werden Sie durch das Buch geführt. Es erlaubt Ihnen, innerhalb Ihres persönlichen Zeitkontingents (von 10 bis 30 Minuten) das Wesentliche zu erfassen.

Kurze Lesezeit
In 30 Minuten können Sie das ganze Buch lesen. Wenn Sie weniger Zeit haben, lesen Sie gezielt nur die Stellen, die für Sie wichtige Informationen beinhalten.

- Alle wichtigen Informationen sind blau gedruckt.

- Schlüsselfragen mit Seitenverweisen zu Beginn eines jeden Kapitels erlauben eine schnelle Orientierung: Sie blättern direkt auf die Seite, die Ihre Wissenslücke schließt.

- *Zahlreiche Zusammenfassungen innerhalb der Kapitel erlauben das schnelle Querlesen. Sie sind blau gedruckt und zusätzlich durch ein Uhrsymbol gekennzeichnet, sodass sie leicht zu finden sind.*

- Ein Register erleichtert das Nachschlagen.

Inhalt

Vorwort

Kennen Sie das? Sie könnten vor Wut an die Decke gehen, weil Ihr Chef anscheinend mal wieder völlig neben sich steht, alles missversteht, was man überhaupt missverstehen kann, Sie mit unsinnigen Aufträgen nervt und mal wieder einen ganz schlechten Tag hat. Sie wissen nicht, ob Sie das mit Galgenhumor ertragen sollen oder doch lieber gleich kündigen. Sie verstehen nicht, wie man sich so eigensinnig benehmen kann und was das Ganze soll. Sie gehören vielleicht bereits zu den zehn Prozent, die sich nach einem neuen Arbeitsplatz umsehen.
Sie sind unzufrieden mit Ihrem Chef?
Falls dies ein Trost für Sie ist: Sie sind nicht allein. Viele sind derselben Ansicht wie Sie. Ungefähr jeder dritte Berufstätige ist unzufrieden mit seinem Vorgesetzten. Das zeigen verschiedene Untersuchungen. Andererseits sagen über die Hälfte der Befragten, dass für sie ein gutes Verhältnis zum Chef wichtiger ist als das Gehalt.
Leider ist es in vielen Unternehmen so, dass die Firmen vor allem an Gewinnen interessiert sind und Vorgesetzte an der eigenen Karriere. Dazu müssen sie gute Zahlen vorweisen. Wie sie mit ihren Mitarbeitern umgehen, um diese Zahlen zu erreichen, ist weit weniger interessant. Schließlich kann ja heutzutage jeder froh sein, wenn er überhaupt einen festen Arbeitsplatz besitzt. Auf der Straße ... So jedenfalls wird vielfach argumentiert.
Auch wenn in vielen Managementseminaren etwas anderes gepredigt wird: Viele Chefs verstehen sich und

handeln schlicht als Vor-Gesetzte, nicht als Führungskräfte. Mitarbeiter sind da nicht selten Mittel zum Zweck und manchmal schon fast lästig.
Wohlgemerkt: Diese Beschreibung trifft beileibe nicht auf alle Vorgesetzte zu. Aber man kann sich seine Vorgesetzten oft nicht aussuchen, und wenn man Pech hat, gerät man eben an einen der schwierigeren Sorte. Wie sagte der österreichische Schriftsteller Robert Neumann so schön: *Manche Chefs braucht man nicht zu parodieren. Es genügt, dass man sie zitiert.*
Bitte erwarten Sie von diesem Buch keine Patentrezepte. Patentrezepte würden immer zu kurz greifen und Ihnen letztlich nichts nutzen. Menschen lassen sich nun mal nicht eben ändern. Wichtiger für Sie ist es, zu lernen, mit Ihrem Chef und seinen Macken besser umzugehen und ihn auch ein wenig besser zu verstehen.
Ich möchte Sie dabei unterstützen, sich darüber klar zu werden,

- warum Ihr Chef so ist, wie er ist,
- warum Sie so allergisch darauf reagieren und
- was Sie tun können, um mit ihm besser umzugehen.

Damit Sie danach gezielt und gekonnt reagieren können.
Im Text finden Sie eine Reihe kleiner Übungen. Ich möchte Sie einladen, diese mitzumachen. Dabei werden Sie einiges über Ihren Chef, aber auch über sich selbst erfahren.

Ich wünsche Ihnen schon jetzt viel Spaß beim Lesen und viel Erfolg bei der „Arbeit mit Ihrem Chef".

Rolf Meier

1 Warum nicht jeder mit jedem klarkommt

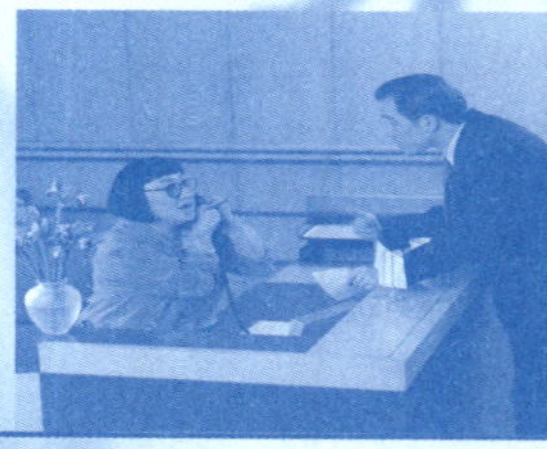

1 Fangen wir mit Ihnen an

Fangen wir an. Aber nicht mit Ihrem Chef, sondern mit Ihrer Person. Vielleicht eine für Sie ungewohnte Sichtweise, aber Sie werden schnell sehen, warum wir diesen Einstieg gewählt haben.
Warum haben Sie einen schwierigen Chef?

1.1 Was Ihr Job für Sie bedeutet

Sie möchten mit Ihrer Arbeit zufrieden sein, schließlich verbringen Sie viele Stunden an Ihrem Arbeitsplatz. Liegen Ihre Vorstellungen und die Ihres Chefs zu weit auseinander, können daraus Schwierigkeiten erwachsen, die sich auf das Verhältnis auswirken.

Wie zufrieden sind Sie eigentlich?
Es gibt eine Grundzufriedenheit, die mitbestimmt, wie gut jemand mit den alltäglichen Anforderungen und Problemen umgeht. Je mehr Schwierigkeiten jemand mit seiner Motivation hat, desto größer ist die Gefahr, dass er zum Miesepeter wird. Auch dazu ein paar Fragen:

		stimmt	stimmt nicht
1.	Meine Arbeit macht mir nach wie vor Spaß.	❑	❑
2.	Trotz der Routine erlebe ich meine Arbeit als Herausforderung.	❑	❑
3.	Ich gehe immer noch recht gerne zur Arbeit.	❑	❑

4.	Ich habe ein gutes Verhältnis zu meinen Kollegen.	❑	❑
5.	Gemeinsam im Team haben wir viel Spaß miteinander.	❑	❑
6.	Ich übernehme gerne Aufgaben außer der Reihe.	❑	❑
7.	Ich bleibe auch mal länger, um Arbeiten abzuschließen.	❑	❑
8.	Nach dem Urlaub freue ich mich auch wieder auf meinen Job.	❑	❑

Diesmal gilt: Je häufiger Sie „stimmt nicht“ angekreuzt haben, desto größer ist Ihre Unzufriedenheit. Das kann zur Folge haben, dass Sie schneller genervt sind und nach einer Bestätigung dafür suchen, dass Sie zu Recht so unzufrieden sind. Dann kann natürlich auch Ihr Chef in Ihr Visier geraten.

Wie sehr ärgern Sie sich?

Wird der Ärger zum Dauerthema, entsteht Frust und Stress, die wiederum Frust und Stressezeugen – ein Teufelskreis. Man beginnt, sich über Kleinigkeiten zu ärgern, zum Beispiel über die Zahnpastatube, die der Lebenspartner ständig offen lässt, über den Verkehrsstau auf dem Weg zur Arbeit, über den Kollegen, der nicht grüßt. Besonders anfällig für kleine, alltägliche Ärgernisse ist man, wenn man sich ohnehin gerade in einer stressigen Phase seines Lebens befindet, etwa Probleme mit dem Partner hat, wenn Kinder oder Eltern krank sind oder wenn man sich gerade wegen einer großen Anschaffung verschuldet hat.

Vergleichen Sie Ihre Einstellung zur Arbeit mit der Ihres Chefs. Gibt es hier grundsätzlich andere Auffassungen? Achten Sie darauf, dass Unzufriedenheit und Stress keine Auswirkungen auf die Zusammenarbeit mit Ihren Kollegen und Ihrem Chef haben.

1.2 Mit welchen Menschen Sie gut auskommen

Sie sind mit Ihrem Job zufrieden, haben aber Probleme mit Ihrem Chef. Lassen Sie uns überprüfen, welche Persönlichkeit Sie sind und wie sich dies auf die Beziehung zu Ihrem Chef auswirkt.

Passen Ihre Persönlichkeiten vielleicht nicht zusammen?
Um das zu ermitteln, möchten wir Sie einladen, erst einmal eine Kurzanalyse Ihrer Persönlichkeit vorzunehmen. Bitte versuchen Sie sich hinsichtlich der folgenden drei Merkmale einzuschätzen:

	Umgang mit anderen	
freundlich – gesellig – zuvorkommend – warmherzig – lebhaft – gesprächig – aufgeschlossen – rücksichtsvoll	oder	zurückhaltend – verschlossen – vorsichtig – selbstkritisch – anpassungsfähig – zurückhaltend
	Einstellung zur Arbeit	
pünktlich – ordentlich – sorgfältig – pflichtbewusst – zuverlässig – logisch – hartnäckig – verlässlich	oder	impulsiv – ideenreich – kreativ – phantasievoll – humorvoll – temperamentvoll
	Umgang mit sich selbst	
selbstsicher – dominant – robust – durchsetzungsfähig – bestimmt – zielstrebig – willensstark	oder	unsicher – verletzbar – verlegen – schüchtern – stressanfällig – ausweichend – ruhelos – nachgiebig

Kommen wir zu Ihrem Chef. Bitte schätzen Sie nun auch Ihren Chef ein. Ist er eher:

freundlich – gesellig – zuvorkommend – warmherzig – lebhaft – gesprächig – aufgeschlossen – rücksichtsvoll	oder	zurückhaltend – verschlossen – vorsichtig – selbstkritisch – anpassungsfähig – zurückhaltend
pünktlich – ordentlich – sorgfältig – pflichtbewusst – zuverlässig – logisch – hartnäckig – verlässlich	oder	impulsiv – ideenreich – kreativ – phantasievoll – humorvoll – temperamentvoll
selbstsicher – dominant – robust – durchsetzungsfähig – bestimmt – zielstrebig – willensstark	oder	unsicher – verletzbar – verlegen – schüchtern – stressanfällig – ausweichend – ruhelos – nachgiebig

Wie könnten sich diese Unterschiede auf das Verhältnis zwischen Ihnen und Ihrem Chef auswirken?
Schwierigkeiten mit Ihrem Chef können aus zwei Gründen resultieren:

1. Ihr Chef hat eine völlig andere Persönlichkeitsstruktur, er ist anders gepolt. Während Sie bei den einzelnen Charaktereigenschaften zu der einen Seite tendieren, tendiert Ihr Chef genau zur anderen Seite.
2. Ihr Chef zeigt (negative) Eigenschaften, die Sie von sich selber kennen, aber schon bei sich nicht leiden können.

Ihr Chef hält Ihnen also entweder einen Spiegel vor und steht sinnbildlich auf der anderen Seite.

Es gibt allerdings noch eine dritte Möglichkeit für Probleme:
Sie haben einen Chef, der in einer Situation extrem zu

jener, in einer anderen Situation extrem zur anderen Seite neigt. Dann ist sein Verhalten kaum zu berechnen. Für Sie bedeutet das ein Wechselbad der Gefühle. Ein solches Verhalten wird Sie vor allem dann sehr stören, wenn Sie ein „Ordnungstyp" sind.
Um zu überprüfen, ob die Schwierigkeiten tatsächlich in der mangelnden „Kompatibilität" Ihrer Persönlichkeiten liegen, noch eine Nachfrage: Haben Sie auch mit anderen Menschen, die vom Charakter oder Verhalten Ihrem Chef ähneln, Schwierigkeiten?

Ist dies der erste Chef, mit dem Sie nicht gut zurechtkommen?

Dahinter steckt eine zweite Frage: Haben Sie Schwierigkeiten mit Autoritäten?
Es gibt Menschen, die ordnen sich nicht gerne unter. Viele dieser Menschen finden sich unter den Selbstständigen, mehr aus Not als gewollt. Ob Sie zu diesen Menschen gehören, können Sie mit den folgenden Fragen überprüfen:

		stimmt	stimmt nicht
1.	Ich habe oft das Gefühl, dass ich die Arbeit meines Chefs selbst besser machen würde.	❑	❑
2.	Die Entscheidungswege sind mir zu lang, ich würde zügiger Dinge umsetzen.	❑	❑
3.	Mein Chef stört eher meine Arbeit, als dass er sie fördert.	❑	❑
4.	Sinnvolle Unterstützung kann mir mein Chef eigentlich nicht mehr geben.	❑	❑
5.	Mit Entscheidungen, hinter denen ich nicht stehe, komme ich schlecht zurecht.	❑	❑

6.	Ich ertappe mich dabei, dass ich mich freue, wenn etwas schiefgeht, wie ich es prophezeit habe.	❑	❑
7.	Ich bin meist davon überzeugt, dass meine Vorschläge die besten sind.	❑	❑
8.	Ich werde schnell ungeduldig.	❑	❑

Je häufiger Sie „stimmt“ angekreuzt haben, desto stärker ist die Tendenz bei Ihnen ausgeprägt.

Tragen Sie mit Ihrem Verhalten vielleicht zu den Schwierigkeiten bei?

Es gibt bestimmte Verhaltensweisen, die Ihr Chef mit Recht von Ihnen erwarten kann. Vielleicht lehnen Sie diese Erwartungen bewusst oder unbewusst ab, vielleicht ärgert dies wiederum Ihren Chef.

Beispielsweise hat es wohl kein Chef gern, wenn man ihn kritisiert, ihm widerspricht oder seine Kompetenz anzweifelt. Chefs erwarten auch, dass ihre Entscheidungen akzeptiert und ihre Anweisungen umgesetzt werden. Auch wenn es manchmal schwerfällt, dies einzusehen: Der Chef trägt die Verantwortung und Sie sind weisungsgebunden – schließlich werden Sie dafür bezahlt.

Chefs erwarten Loyalität. Es kann schnell zu Schwierigkeiten kommen, wenn Sie sich im Team eine eigene starke Position aufbauen, vielleicht sogar Anhänger um sich scharen und versuchen, sich als „Gegenführer“ zu etablieren.

Chefs erwarten zudem Kooperation.

Auch wenn Sie ein Typ sind, der lieber für sich alleine arbeitet und an Information, Austausch und Kommunikation wenig Interesse hat, Besprechungen eher lang-

weilig und langwierig findet, die häufigen Abstimmungen als überflüssig betrachtet: Sie müssen mit anpacken, wenn es darum geht, die Ziele, die Ihr Chef vorgibt, gemeinsam zu erreichen.

1.3 Worin die Schwierigkeiten mit Ihrem Chef begründet sind

Sie haben bei sich geforscht, inwieweit Sie an den Schwierigkeiten beteiligt sind. Sie haben analysiert, ob Ihr Chef und Sie vom Typ her vielleicht einfach nicht zusammenpassen. Bleibt noch eine letzte Möglichkeit: Ihr Chef ist von seiner Persönlichkeit tatsächlich schwierig. Um dies zu überprüfen, hilft Ihnen die Frage:

Worüber ärgern Sie sich eigentlich?
Werden Sie sich darüber klar, was Sie eigentlich stört, und möglichst auch, warum. Denn je genauer Sie das Verhalten Ihres Chefs analysieren, desto eher finden Sie auch Wege, damit umzugehen, und desto besser können Sie Ihre Wahrnehmungen an Ihren Chef weitergeben.

Nehmen Sie sich eine typische Situation vor und analysieren Sie sie. Was hat Ihr Chef genau getan und was hat er gesagt?

- Welches Verhalten ärgert Sie dabei besonders?
- Wie häufig ärgern Sie sich?
- Was ärgert Sie immer wieder?
- Was ärgert Sie nur gelegentlich?

Es gibt Verhaltensweisen, die bringen einen schnell auf

die Palme, andere lassen einen völlig kalt. Auch dies hat mit der eigenen Persönlichkeit, der Einstellung und den eigenen Werten zu tun. Deshalb müssen wir noch eine Frage ergänzen: Warum ärgern Sie sich über bestimmte Verhaltensweisen besonders stark?

Wer hat alles Schwierigkeiten mit Ihrem Chef?

Eine weitere wichtige Frage ist: Haben nur Sie allein Schwierigkeiten mit Ihrem Chef oder ist dies bei Ihren Kollegen ebenso? Wenn Ihre Kollegen ebenfalls von den „Eskapaden" Ihres Chefs in Mitleidenschaft gezogen sind, ist die Wahrscheinlichkeit groß, dass die Schwierigkeiten tatsächlich an den Macken Ihres Chefs liegen.

Es gibt aber auch den Fall, dass nur Sie und einige andere Kollegen Schwierigkeiten haben. Dann stellen Sie sich die folgenden Fragen:

Ähneln sich diese Kollegen vom Charakter her?
Verstehen Sie sich mit diesen Kollegen besonders gut und spötteln Sie schon mal über das Benehmen Ihres Chefs?

Stimmen Sie diesen Fragen zu, dann deutet dies darauf hin, dass Sie gemeinsam mit den Kollegen vom Typ her ganz anders sind als Ihr Chef, dass Sie sich als Clique verstehen, wobei Cliquen gerne Außenstehende abwerten, oder dass Sie Ihre Schwierigkeiten mit dem Chef weitergetragen haben und Ihre Kollegen eine Art „Solidaritätskomitee" mit Ihnen oder für Sie gegründet haben.

Achten Sie bitte darauf, dass Sie sich mit Ihren Kollegen nicht zu sehr abgrenzen. Dies kann die Verständigung mit Ihrem Chef merklich erschweren.

Was hält Ihr Chef von Ihnen?

Auch diese Frage ist interessant, wenn Sie die Ursachen Ihrer Differenzen und des Verhaltens Ihres Chefs klären wollen. Versuchen Sie das Bild, das Ihr Vorgesetzter von Ihnen hat, zu ergründen.

- Wie sieht er Sie?
- Was schätzt er an Ihnen?
- Womit kommt er weniger gut zurecht?

Um das zu ermitteln, müssen Sie fragen. Lassen Sie sich ein Feedback geben, möglichst wiederholt, in unterschiedlichen Situationen. Nicht immer wird die Rückmeldung so ausfallen, wie Sie es erwarten, allein schon, weil Ihr Chef Schwierigkeiten hat, Feedback in der richtigen Form zu geben.

Häufig ist das Feedback zu pauschal. Fragen Sie in solch einem Fall nach, lassen Sie sich Beispiele nennen. Oftmals lassen sich im Gespräch ja schon einzelne Missverständnisse klarstellen.

Ein negatives Feedback kann auch zu gemäßigt ausfallen, weil der Vorgesetzte seinen Mitarbeiter nicht kränken will. Auch hier hilft nur: Nachhaken, überprüfen, was genau ihn gestört hat und in welchem Maß.

Zeigen Sie, dass Sie gut mit Kritik umgehen können.

Einholen von Feedback

1. **Hören Sie gut zu, lassen Sie das Gesagte auf sich wirken.**
   Begehen Sie nicht den Fehler, Ihren Chef zu unterbrechen, weil Sie meinen, Sie wüssten

bereits, was er meint. Hören Sie sich stattdessen seine Eindrücke und Anregungen in Ruhe an. Sie müssen nicht sofort darauf reagieren. Schreiben Sie sich wichtige Punkte als Stichwörter auf. Und denken Sie tatsächlich darüber nach. Verfallen Sie nicht in eine Bequemlichkeitshaltung nach dem Motto: *„Das kenne ich an mir, da ist nun wirklich nichts dran zu ändern!"*

2. **Fragen Sie bei Unklarheiten nach.**
   Fragen Sie nach, dokumentieren Sie Interesse an der Meinung Ihres Chefs, animieren Sie ihn zum Reden und bekommen Sie ein genaueres Bild. Geeignet sind offene Fragen:
   - Was meinen Sie genau damit?
   - Wann haben Sie dies beobachtet?
   - Wie kann ich dieses Verhalten verbessern?

3. **Vermeiden Sie Diskussionen.**
   Denken Sie daran: Ihr Chef hat eine andere Wahrnehmung, und es ist sinnlos, darüber zu debattieren, wer Recht hat. Recht gibt es in der Wahrnehmung nicht. Nehmen Sie deshalb lieber bewusst wahr, dass Sie als Persönlichkeit von unterschiedlichen Menschen unterschiedlich wahrgenommen werden. Versuchen Sie herauszubekommen, wie dieser Eindruck zustande kommt und wie Sie dies steuern können.

4. **Verfallen Sie nicht in eine Verteidigungshaltung.** Verteidigen Sie sich nicht. Erstens dient dies nicht der Sache und zweitens erreichen Sie damit wahrscheinlich genau das Gegenteil von

dem, was Sie wollen: auch in Zukunft von Ihrem Chef ein ehrliches Feedback zu erhalten.

5. **Bedanken Sie sich für die Rückmeldung.**
   Jemand anderem eine ehrliche Rückmeldung zu geben, fällt vielen Menschen schwer. Seien Sie deshalb dankbar, wenn Sie ein solches Feedback von Ihrem Chef erhalten, und drücken Sie diesen Dank auch aus.
   Ihr Chef wird sich freuen und eher bereit sein, Ihnen bei nächster Gelegenheit wieder seine Meinung anzuvertrauen.

Durch ein solches Feedback erhalten Sie auch Hinweise, worauf genau Ihr Chef Wert legt, denn darauf stützt sich seine Einschätzung. Das wiederum ist eine Chance für Sie, in Zukunft stärker auf seine Ansprüchen und Vorlieben zu achten und Ihr Verhalten darauf einzustellen.

- ***Achten Sie auf Ihre eigene Wahrnehmung.***
- ***Nehmen Sie das Bild, das Sie von Ihrem Chef haben, einmal genauer unter die Lupe.***
- ***Ermitteln Sie die Erwartungen Ihres Chefs.***
- ***Überlegen Sie, welchen Anteil Sie an den Problemen haben könnten.***
- ***Holen Sie sich ein Feedback von ihm.***

2. Wie sich die Situation aktuell darstellt

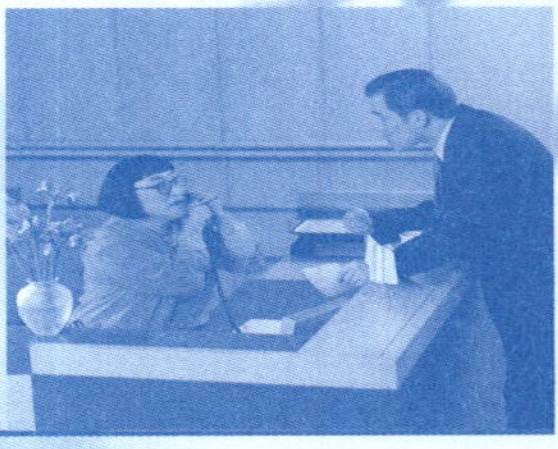

Wenden wir uns nun den Problemen zu, die Sie mit Ihrem Chef haben.

2.1 Wie weit sich ihre Differenzen zu einem Problem auswachsen

Wie weit sind die Schwierigkeiten mit Ihrem Chef bereits offensichtlich, wie weit sind die Reibereien schon eskaliert?
Ihr Chef hat Ihren Vorschlag ohne jede weitere Begründung abgelehnt, er verliert kein Wort darüber, dass Sie die letzten Abende länger geblieben sind, um den Projektantrag fertig zu stellen, er streicht Ihnen die Fortbildung. Vor allem (subjektiv) negative Erfahrungen hinterlassen Spuren. Sie machen keine Vorschläge mehr, weil dies sowieso „nichts bringt“, Sie übernehmen keine zusätzlichen Aufgaben, weil Ihr Chef dies sowieso nicht honoriert.
Wenn Sie nicht aufpassen, kann sich aus dem, was am Anfang nur eine Meinungsverschiedenheit war, ein Konflikt entwickeln.
Bitte bestimmen Sie anhand der folgenden Fragen, wie weit die Schwierigkeiten bereits fortgeschritten sind:

		stimmt	stimmt nicht
1.	Dass ich Schwierigkeiten mit meinem Chef habe, dürfte mein Geheimnis sein.	❑	❑
2.	Mein Chef wird wohl etwas davon ahnen.	❑	❑
3.	Die Schwierigkeiten sind uns beiden bewusst.	❑	❑
4.	Die Kollegen haben dies bereits mitbekommen.	❑	❑

5.	Unsere Schwierigkeiten sind im Hause bekannt.	❑	❑
6.	Wir reden offen im Kollegenkreis über die Macken unseres Chefs.	❑	❑
7.	Es fallen schon mal böse Bemerkungen im Kollegenkreis.	❑	❑
8.	Bisweilen solidarisieren wir uns und versuchen, den Chef zu ärgern.	❑	❑

Je mehr Fragen Sie mit „stimmt“ beantwortet haben, desto weiter sind aus den Unterschieden Meinungsverschiedenheiten, aus den Meinungsverschiedenheiten Reibereien entstanden. Die Endstufe wäre dann ein handfester Konflikt.

Gefühle übernehmen bei Problemen mehr und mehr die Steuerung unseres Verhaltens. Eine solche Emotionalisierung führt dann schnell zu Resignation oder zu Trotzreaktionen, zum Rückzug oder zur Aggression. Dies trifft auf Ihren Chef genauso zu wie auf Sie.

Hinzu kommt: Je weniger strapazierfähig die Beziehung ist, desto größeren Einfluss gewinnt die emotionale Seite. Deutlich wird dies an einer etwas schärferen Formulierung, einem missbilligenden Tonfall, an einem starren Gesichtsausdruck, am Vermeiden von Blickkontakt.

Die emotionale Ebene dringt dann immer wieder an die sachliche Oberfläche und „stört“ dadurch die sachliche Auseinandersetzung. Das kann so weit führen, dass das eigentliche Sachthema seine Bedeutung völlig verliert und es nur darum geht, wer Recht hat. Ein typisches Beispiel sind Streits. Hier geht es oft nur noch darum, wer Recht hat, an einer sachlichen Auseinandersetzung sind die Streithähne nicht mehr interessiert.

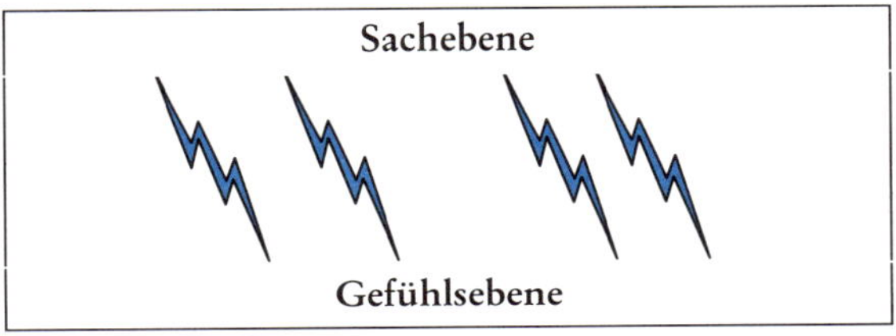

Das Problem dabei ist, dass man bei starkem, emotionalem Anteil bei Meinungsverschiedenheiten nicht weiterkommt, weil man nicht offen kommunizieren kann und will.

Versuchen Sie Ihre Gefühle zu kontrollieren. Ziel muss eine sachliche Auseinandersetzung sein.

2.2 Wie Sie auf die Situation reagieren

Menschen reagieren sehr unterschiedlich auf Probleme. Das hat wiederum mit der eigenen Persönlichkeit zu tun, aber auch mit der Arbeitssituation. Hier spielt etwa eine Rolle, wie wichtig der Job für Sie ist, wie gut Sie mit den Kollegen auskommen, ob Ihr Chef nur ein Interimsvorgesetzter ist und bald einen neuen Posten übernimmt oder ob er Ihnen „erhalten bleibt“.
Es gibt auch Reaktionen auf Probleme, die unangemessen sind, weil sie nicht zur Entschärfung der Probleme beitragen, möglicherweise im Gegenteil – die Probleme vergrößern.
Wenn man sich wie Sie über einen anderen Menschen ärgert, fallen einem leicht zwei Wege ein, damit umzugehen:

Man gibt die Aggressionen an die Person zurück – schließlich ist sie ja auch der Verursacher.

Nach Auseinandersetzungen mit Ihrem Chef sind Sie sicherlich manchmal noch aufgebracht und würden es ihm am liebsten „mal so richtig zeigen“ oder gar „heimzahlen“. Damit laufen Sie aber Gefahr, in eine Eskalationsspirale zu geraten. Ihr Chef war Ihnen gegenüber unfair, Sie lassen ihn bei nächster Gelegenheit spüren, dass Sie ihn auch mal ausbremsen können, Ihr Chef ärgert sich darüber und ...

Das lässt sich fortsetzen. Das Problem dabei ist, dass es am Ende zwei Verlierer gibt, die beide in ihren negativen Gefühlen so verhaftet sind, dass es ausgesprochen schwierig für sie wird, dort wieder herauszukommen. Da hilft nur eines: Einer der beiden Partner muss seine Gefühle kontrollieren und diese negative Spirale unterbrechen. Dazu zwei Tipps:

- Tragen Sie ihm sein Verhalten möglichst nicht nach.
- Begegnen Sie ihm das nächste Mal wieder positiv und zuvorkommend.

Man zieht sich zurück und geht damit weiterem Ärger aus dem Weg.

Eine Variante ist das Aussitzen von Problemen nach dem Motto: *„In spätestens drei Jahren geht der ja sowieso in den Ruhestand.“* Was bedeutet das in dem Beispiel aber für die Arbeit der nächsten drei Jahre?

Auch die beliebte Methode, Probleme einfach zu ignorieren, führt nicht weiter. Probleme verschwinden meist nicht von selbst, sondern tun genau das Gegenteil: Sie eskalieren. Und damit ist die Chance einer schnellen und einfachen Lösung meist schon vertan. Irgendwann wird man gezwungen sein, sich mit dem Konflikt auseinanderzusetzen. Verdrängen ist nie eine gute Lösung. Beide Wege können weitere Probleme nach sich ziehen. Die Kampfstrategie führt meist zu einer Eskalation der Schwierigkeiten, Druck erzeugt Gegendruck. Und Ihr Chef dürfte eher am längeren Hebel sitzen. Besonders beliebt bei Vorgesetzten ist die Variante, die Probleme so stark werden zu lassen, bis der Mitarbeiter nachgeben muss.

Achten Sie darauf, dass Ihre Probleme mit Ihrem Chef nicht immer weiter eskalieren.

Wenn die Probleme zum Konflikt werden, der Konflikt nach außen getragen wird, wenn die Parteien nur noch schriftlich miteinander kommunizieren, spätestens dann ist das „Kind in den Brunnen" gefallen.

Schließlich gibt es die Methode, allen möglichen Problemen aus dem Weg zu gehen, immer den bequemen Weg zu suchen, Ihrem Chef recht zu geben und versuchen, es ihm auch immer recht zu machen.

Auch diese Methode führt nur vordergründig zum Erfolg. Probleme sind auch immer eine Chance für Sie, sich mit Ihrem Chef auseinanderzusetzen und dabei etwas zu lernen.

Analysieren Sie, ob Ihre Probleme sich bereits zu einem handfesten Konflikt ausgewachsen haben.
Versuchen Sie, Ihre Gefühle zu kontrollieren und sachlich zu bleiben.
Vermeiden Sie Reaktionen auf Probleme, die Sie nicht weiterbringen und die Probleme womöglich noch weiter verschärfen.

3. Wie Sie mit Ihrem Chef besser zurechtkommen

Zu einem schlechten Verhältnis gehören immer zwei. Im ersten Fall ein Mensch, der wenig Rücksicht auf andere nimmt, und jemand, der sich das gefallen lässt. Im zweiten Fall zwei Menschen, die einfach nicht zusammenpassen und zusammenkommen.
Was nichts anderes bedeutet, als dass Sie selbst aktiv werden müssen. Jammern, Zetern und Hoffen hilft Ihnen auf Dauer nichts. Natürlich kann es passieren, dass Ihr Chef weggelobt wird oder dass Sie Ihren Traumjob angeboten bekommen – aber wollen Sie darauf warten? In diesem Sinne hat Ihr Ärger auch sein Gutes: Er bringt Sie dazu, darüber nachzudenken, was Sie an der Situation ändern können, damit der Ärger nicht immer wieder für Stress und Frust bei Ihnen sorgt.

3.1 Lernen Sie Ihren Chef (besser) kennen

Ihren Chef besser kennen lernen, wo Sie ihn doch am liebsten auf den Mond schießen möchten? Andererseits: Wenn Sie eine Strategie entwickeln wollen, wie Sie am besten mit Ihrem Chef zurechtkommen, brauchen Sie Informationen über ihn. Wenn Sie Ihren Chef als „schwierig“ abstempeln und dann in die Schublade mit Ihren Vorurteilen stecken, kommen Sie nicht weiter.
Je differenzierter das Bild, das Sie von Ihrem Chef haben, desto größer die Chance, ihm weniger voreingenommen gegenüberzutreten und unangenehme und unangemessene Verhaltensweisen zu mildern.
Vielleicht entdecken Sie ja bei der „Erforschung Ihres Chefs“ ähnliche Meinungen, Einstellungen, Eigenschaften und Werte. Machen Sie eine erste Bestandsaufnahme:

	stimmt	stimmt teilweise	stimmt eher nicht
Ich kenne die Ziele meines Chefs.	❑	❑	❑
Ich kenne seine Stärken und Schwächen.	❑	❑	❑
Ich versuche mich seinem Arbeitsstil anzupassen.	❑	❑	❑
Ich weiß, worauf er Wert legt.	❑	❑	❑
Ich weiß, welche Dinge ihn bewegen.	❑	❑	❑
Ich weiß, worüber er sich ärgert und worauf er allergisch reagiert.	❑	❑	❑
Ich respektiere ihn trotz seiner „Macken“.	❑	❑	❑
Wir haben einiges gemeinsam.	❑	❑	❑

Sehen Sie sich alle Punkte genauer an, bei denen Sie „stimmt zum Teil“ oder „stimmt nicht“ angekreuzt haben. Vielleicht ist Ihr Chef für Sie ja ein Buch mit sieben Siegeln.

Überlegen Sie: Was könnten Sie tun, um Ihr Verständnis in diesem Punkt zu verbessern?

Betrachten Sie Ihren Chef als Geschäftspartner. So etwas Ähnliches ist er ja auch. Bei einem Geschäftspartner würden Sie wahrscheinlich versuchen, sich möglichst viele Informationen über ihn zu beschaffen und ihn kennen zu lernen, als Basis für eine erfolgreiche Geschäftsbeziehung. Was hindert Sie daran, sich mit Ihrem Chef ein wenig zu beschäftigen, um ihn besser zu verstehen? Beobachten Sie ihn, fragen Sie vielleicht auch mal nach.

- Warum verhält er sich so und nicht anders?
- Warum hat er mit bestimmten Dingen Schwierigkeiten?
- Was stört ihn? Worüber freut er sich?

Vielleicht werden Ihnen durch genaues Hinsehen Zusammenhänge deutlich, die Sie bisher übersehen oder die Ihnen bisher unbekannt waren. Entscheidungen, die Sie bisher nur mit Unverständnis aufgenommen und mit Kopfschütteln kommentiert haben, erscheinen dann vielleicht in einem anderen Licht.

Ermitteln Sie die persönlichen Ziele Ihres Vorgesetzten. Ob sie ihm klar sind oder nicht, ob er sie systematisch verfolgt oder sich nur nebenbei darum kümmert, Ziele hat jeder. Ziele beeinflussen das Handeln und wirken sich auf die Prioritäten aus. Für Sie ist es deshalb wichtig, auch die persönlichen Ziele des Vorgesetzten zu kennen.

Hier noch einige Fragen, um zu ermitteln, was Ihr Chef schätzt und worauf er allergisch reagiert:

- Welche Art von Mitarbeitern mag er besonders?
- Mag er Menschen mit Ideen und Vorschlägen oder lieber solche, die eher still sind und seinen Vorschlägen zustimmen?
- Erwartet er selbstständiges Arbeiten oder hat er es ganz gern, wenn er immer mal wieder gefragt wird?
- Kommt er mit starken Persönlichkeiten gut zurecht oder sieht er sie eher als Bedrohung seiner Position?

Versuchen Sie über Ihren Chef Informationen zu gewinnen, um seine Verhaltensweisen besser zu verstehen und auch besser voraussehen zu können.

3.2 Entwickeln Sie eine Strategie

Wenn Sie das Verhalten Ihres Chefs Ihnen gegenüber verändern wollen, müssen Sie erst einmal versuchen zu ermitteln, welche Vorteile Ihr Chef aus diesem Verhalten zieht.

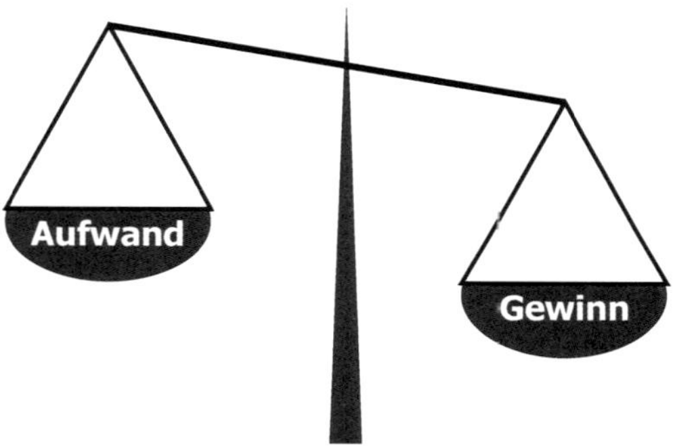

Wenn sich Ihr Chef also immer wieder in einer bestimmten Weise verhält, scheint er davon zu profitieren. Er spürt die Macht, die er hat, er kann seine Neigungen ausleben und Stress abbauen, den er von zuhause mit ins Büro bringt usw.

Beispiel: Ihr Chef zeigt Ihnen gerne, dass Sie ein kleines Licht sind, Fehler über Fehler machen und aus Ihnen nie etwas werden wird. Hinter diesem Verhalten kann schlicht ein Gefühl der Minderwertigkeit stehen. Indem Ihr Chef seine Macht demonstriert und Sie abwertet, lenkt er sich von seinen Selbstzweifeln ab.

Was ist für ihn besonders wichtig? Es gibt eine Handvoll Motive, die universell sind, für jeden wichtig sind, allerdings in unterschiedlicher Ausprägung:

- Erfolgserlebnisse
- Anerkennung von anderen
- die Arbeit selbst
- Verantwortung
- Karriere
- Persönliche Entfaltung

Kennen Sie die Motive, die das Verhalten steuern, können Sie versuchen, Situationen zu schaffen, wo Ihr Chef diese Bedürfnisse ausleben kann, ohne dass sie für andere negative Folgen haben.
Es gibt noch drei weitere Möglichkeiten für Sie, das Verhalten Ihres Chefs zu beeinflussen. Zugegebenermaßen sind diese Einflussmöglichkeiten etwas manipulativ, aber vielleicht heiligt der Zweck in diesem Fall ja die Mittel.

- Schwören Sie ihn auf ein Verhalten ein.

Haben Menschen einmal eine Richtung eingeschlagen, verhalten sie sich gerne in diesem Sinne. Damit vermeiden sie Irritationen bei sich und anderen und müssten sich sonst vielleicht selbst eingestehen, dass sie einen Fehler gemacht haben. Versuchen Sie Ihren Chef in kleinen Schritten auf den richtigen Weg zu bringen und sorgen Sie dafür, dass er selbst von der Richtung überzeugt ist.
Beispiel: Ihr Chef betont zwar immer wieder, dass er vornehmlich am Erreichen der Ziele interessiert ist, mischt sich aber ständig in die Alltagsarbeit ein. Wenn er einmal wieder anlässlich einer Besprechung diesen Grundsatz vertritt, versuchen Sie ihn gleich auf das Verhalten festzulegen: *Das heißt doch dann aber ...*

- Schaffen Sie ein positives Bild.

Auch Ihr Chef hört es sicher gerne, wenn Sie seine positiven Eigenschaften und Verhaltensweisen herausstellen. Damit eröffnet sich für Sie eine Chance: Wenn Sie ihn etwa wegen seiner Großzügigkeit gelobt haben, wird er Ihnen schwerlich fünf Minuten später einen Urlaubstag abschlagen.

- Machen Sie sich unentbehrlich.

Es ist sicherlich von Vorteil, wenn Ihr Chef weiß, dass er ohne Sie schlecht zurechtkommen würde, weil Sie über ein spezielles Fachwissen, über bestimmte Erfahrungen verfügen oder sich Fähigkeiten erworben haben, die ihm nützen. Dies ist ohnehin für Ihre Karriere wichtig und damit hat solch eine besondere Stellung gleich zwei Vorteile:

- Ihr Chef wird vorsichtiger Ihnen gegenüber sein, weil er auf Sie angewiesen ist. Sie können damit auch selbstbewusster gegenüber Ihrem Chef auftreten.
- Die Chancen, eine andere attraktive Stelle zu bekommen, vergrößern sich.

Gehen Sie strategisch vor:

1. Fahnden Sie nach Kompetenzen, die gebraucht werden, die bei den Kollegen aber wenig ausgeprägt sind.
2. Bilden Sie sich systematisch fort.
3. Analysieren Sie, welche Kompetenzen in nächster Zukunft in Ihrem Arbeitsgebiet an Bedeutung gewinnen werden.
4. Besuchen Sie Kongresse und Tagungen, halten Sie sich auf dem Laufenden.

Von Vorteil ist auch, wenn Sie sich ein gutes Netzwerk innerhalb der Firma aufbauen, möglichst auch zu anderen Führungskräften.

Versuchen Sie die Motive zu ermitteln, die sich hinter dem Verhalten Ihres Chefs verbergen.

3.3 Beteiligen Sie sich nicht an Spielen

Auch Erwachsene spielen Spiele, vielfach auch am Arbeitsplatz. Vielleicht spielen Sie in solchen Spielen mit, ohne dass Ihnen das bewusst ist. Das Schöne und gleichzeitig das Problematische an Spielen ist: Alle Beteiligten haben eine Rolle und fühlen sich vielfach in der Rolle wohl.

Das beliebteste Spiel ist das Täter-Opfer-Spiel. Der eine ist das Opfer, der andere ist der Böse ...

Der böse Täter ⟷ **Das arme Opfer**

Bisweilen wird man in die Rolle des Opfers hinein gedrängt, wie bei einigen schwierigen Chefs, bisweilen sucht man sich die Rolle aber auch freiwillig und fühlt sich in der Rolle wohl.

Zu klagen und sich selbst und anderen immer wieder zu beteuern, dass man ja leider das Opfer ist und gar nichts tun kann, ist einfach und gleichzeitig bequem. Es bringt Sie aber nicht weiter. Warten Sie nicht darauf, dass jemand Sie *rettet*, werden Sie selbst *aktiv*. Der Retter ist die dritte Figur in dem Spiel. Der Retter unterstützt das Opfer. Ihm kann es seine Probleme anvertrauen, bei ihm kann es sich ausweinen und von ihm erhält das Opfer Unterstützung, meist in verbaler Form: *Du darfst das nicht so ernst nehmen* oder: *Da musst du unbedingt etwas unternehmen*, manchmal aber auch tatkräftig: *Jetzt gehen wir gemeinsam zum Betriebsrat.*

1. **Analysieren Sie, ob Sie an solchen Spielen beteiligt sind.**
   Überlegen Sie, wann Sie sich als Opfer fühlen, welche Gefühle bei Ihnen mit im Spiel sind, was in der Situation vorher passiert ist.

2. **Überprüfen Sie, ob Sie prädestiniert sind für solche Spiele.**
   Täter suchen sich gerne bestimmte Opfer, Opfer, die sich nicht oder nur schwach wehren. Willkommene Opfer sind frustrierte, enttäuschte Menschen, verschlossene, ängstliche Charaktere.

3. **Brechen Sie Spiele ab.**
   Bei Spielen gibt es bestimmte Regeln. Das Spiel kann nicht weitergehen, wenn Sie sich nicht an die Regeln halten, das Hineinschlüpfen in die Rolle des „armen Opfers" oder des „rettenden Helfers" etwa verweigern.

Ruhen Sie sich nicht in der bequemen Opferrolle aus. Brechen Sie Spiele ab. Brechen Sie mit gewohnten Verhaltensweisen.

3.4 Setzen Sie Grenzen

Lassen Sie sich nicht alles gefallen. Es gibt Verhaltensweisen, die kann man einfach nicht akzeptieren, auch nicht beim eigenen Chef. Niemand muss sich anbrüllen lassen, niemand lächerlich machen lassen. Sprechen Sie in solch einem Fall das Verhalten an, sagen Sie klar und deutlich, wie Sie die Situation empfinden, was Sie stört und welche Konsequenzen Sie daraus ziehen. Nützt dies nichts, überschreitet Ihr Chef die Grenzen des Akzeptablen, wird er gar ausfallend, sollten Sie möglichst sofort reagieren: sich zur Wehr setzen, sich das Verhalten verbieten, das Gespräch abbrechen, den Raum verlassen.

Sich zu viel gefallen zu lassen, hat als negative Konsequenz, dass Ihr Selbstwertgefühl mehr und mehr leidet. Außerdem lernt Ihr Chef daraus: *Mit dem kann ich es ja machen.*

Grenzen setzen bezieht sich aber auch auf die Arbeitsorganisation und die Ansprüche, die Ihr Chef hier an Sie stellt. Sollten Sie einen Chef haben, der Ihnen unentwegt neue Arbeit aufhalst, der immer alles bereits gestern fertig haben will, der hohe Ansprüche hat, aber selbst wenig tut, sollten Sie immer dann „NEIN“ sagen, wenn Sie sehen, dass Sie die neue Aufgabe nicht in der gewünschten Qualität in der geforderten Zeit womöglich noch zusätzlich schaffen können.

Begründen Sie Ihre Entscheidung, ohne Ausreden zu suchen. Aber begründen Sie sie, denn Ihr Gegenüber sollte wissen, warum Sie etwas nicht wollen.

Um ein „Nein“ sich selbst und Ihrem Chef einfacher zu machen, können Sie folgende Hilfen nutzen:

Das würde ich gerne übernehmen	Betonen Sie, dass Sie die Aufgabe reizvoll finden, aber leider dafür im Moment wirklich keine Zeit haben. Begründen Sie dies. Damit wird nicht der Anschein erweckt, Sie seien nur zu faul.
Kann ich mir das bis Mittag überlegen?	Zeigen Sie sich interessiert, nutzen Sie gleichzeitig die Bedenkzeit, um das Arbeitspensum, die Fristen und die Unwägbarkeiten zu prüfen. Diese Methode ist besonders bei umfangreichen Aufträgen angebracht.

Gerne arbeiten Chefs mit dem Trick, Aufträge mit einem Lob zu garnieren nach dem Motto: *Sie wissen doch, dass Sie der Einzige sind, dem ich solch einen Auftrag anvertrauen kann.* Dieser Trick wird im Berufsalltag häufig benutzt.

Da generell sehr wenig gelobt wird, fällt man schnell auf solch eine „Lobattacke“ herein. Seien Sie also vorsichtig, wenn Lob in solch einer Form instrumentalisiert wird.

Verabschieden Sie sich von der Vorstellung, dass Sie Ihren Chef „erziehen“ können.
Sorgen Sie lieber dafür, dass Sie sein Verhalten verstehen lernen und Ansatzpunkte für eine Strategie finden, wie Sie am besten mit seinen Macken umgehen können.
Versuchen Sie Schritt für Schritt die Beziehung in Ihrem Sinne zu beeinflussen.

4. Wie Sie mit den Macken Ihres Chefs am besten umgehen

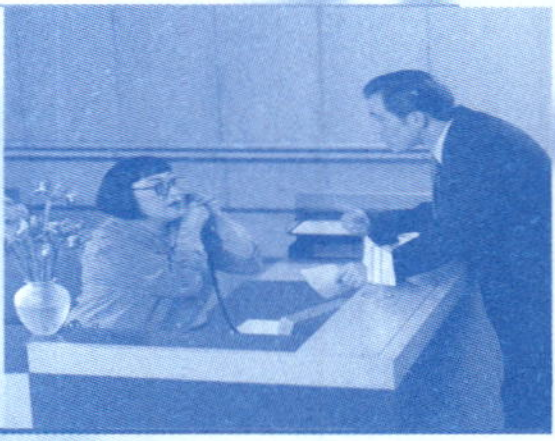

Es gibt eine ganze Reihe von Möglichkeiten, warum Ihr Chef „schwierig" ist.

4.1 Wenn Ihr Chef ein Vorgesetzter ist

Viele Vorgesetzte haben nie gelernt, eine gute Führungskraft zu sein. Vorgesetzte sind erst einmal Vorgesetzte, der eine oder andere von ihnen wird nie eine Führungskraft im Sinne des Wortes. Woran liegt das? Chef wurde, wer der beste Fachmann war und besonders gute Ergebnisse brachte, oft auch wer eine bestimmte Ausbildung hatte oder wegen seines Alters einfach „dran" war.

Wenn er eigentlich etwas ganz anderes wollte.
Das Problem ist die Personalverantwortung, die mit Beförderungen dann vielfach automatisch einhergeht. Ein Fachmann, der sich gut und gerne mit Projekten, Zahlen, Entwicklungen und Abläufen beschäftigt, sieht sich plötzlich völlig neuen Aufgaben gegenüber – Aufgaben, die er sich meist nicht gewünscht hat, für die er nicht ausgebildet ist, für die er nicht geeignet ist.
Da sieht sich der Ingenieur, der sich so gerne mit technischen Problemen beschäftigt, plötzlich der Situation gegenüber, dass sich in seinem Team ein Alkoholiker befindet, und der Jurist, der gerne knifflige Rechtsfragen löst, muss Mitarbeitern die Schließung ihrer Firmenniederlassung „verkaufen". Von ihm wird nun Weitblick, Entscheidungsfreude und womöglich noch Kreativität verlangt.

Kein Wunder, dass Vorgesetzte sich hier schnell überfordert fühlen und solchen Aufgaben auszuweichen versuchen, dafür lieber die Briefe ihrer Mitarbeiter mit dem Rotstift akribisch auf Rechtschreibfehler hin durchsehen oder sich als Supersachbearbeiter aufspielen.

Wenn er sein Handwerk nicht versteht.
Die Fähigkeit, Mitarbeiter zu führen, lässt sich nicht erwerben wie Sprachkenntnisse oder IT-Wissen. Führungskompetenz ist eine Mischung aus Persönlichkeit, aus sozialen Fähigkeiten und aus Methodenkenntnissen. So sollte eine Führungskraft beispielsweise Einfühlungsvermögen besitzen (persönliche Kompetenz), die Fähigkeit, auf andere zuzugehen (soziale Kompetenz), und wissen, wie man richtig delegiert (methodische Kompetenz).
Methodenwissen lässt sich leicht erwerben – dazu braucht eine Führungskraft nur eines der vielen Führungsseminare zu besuchen. Wichtiger ist allerdings die Frage, ob die Führungskraft dieses Wissen auch tatsächlich im Führungsalltag richtig anwendet. Und damit sind wir bei der sozialen Kompetenz: Wenn ich weiß, wie man Mitarbeitergespräche führt, aber dies trotzdem als lästig und überflüssig empfinde, nützt mir das ganze Methodenwissen wenig. Ganz abgesehen davon, dass eine Führungskraft in ihrem Verhalten ein Vorbild für ihre Mitarbeiter sein sollte.
Betrachten wir die Führungsqualitäten Ihres Chefs etwas genauer. Schätzen Sie sie ein:

Ich habe einen Chef, der …	stimmt	stimmt nicht	
Entscheidungen scheut	❑	❑	E
sein Wissen lieber für sich behält	❑	❑	I
getroffene Entscheidungen immer mal wieder umstößt	❑	❑	E
sich gerne hinter seinen Schreibtisch zurückzieht	❑	❑	U
die Wörter Lob und Anerkennung scheinbar gar nicht kennt	❑	❑	F
die engagierten Mitarbeiter mit Arbeit überlastet, andere sich auf deren Kosten ausruhen lässt	❑	❑	A
einsame Entscheidungen trifft und selbstverständlich erwartet, dass alle Mitarbeiter mitziehen	❑	❑	E
Probleme gerne aussitzt	❑	❑	U
gerne und viel kritisiert	❑	❑	F
gerne Aufgaben verteilt, aber nicht die notwendigen Befugnisse	❑	❑	A
wenig Spielräume lässt	❑	❑	Z
jede Kleinigkeit kontrolliert	❑	❑	A
verletzend sein kann	❑	❑	F
schlechte Nachrichten gerne scheibchenweise weitergibt	❑	❑	I
viel erzählt, aber wenig sagt	❑	❑	K
mir gegenüber nicht immer offen ist	❑	❑	I
vornehmlich mit seinen „Lieblingen“ kommuniziert	❑	❑	K
seine Prioritäten gerne ändert	❑	❑	Z
Auseinandersetzungen gerne aus dem Weg geht	❑	❑	U
bei dem man des Öfteren nicht weiß, was ihm eigentlich wichtig ist	❑	❑	Z
nicht viel von Besprechungen hält	❑	❑	K

Es sind sieben Bereiche, in denen sich die Qualität einer Führungskraft zeigt. Diese sieben Bereiche haben Sie gerade eingeschätzt. Es sind

Z Ziele
E Entscheidungen
I Information
K Kommunikation
A Arbeitsorganisation
F Feedback
U Umgang mit Problemen

Zu jedem dieser Bereiche wurden in der Einschätzungshilfe drei Fragen gestellt. Bitte überprüfen Sie, wie häufig Sie mit „stimmt" geantwortet haben, und tragen Sie das Ergebnis in die Tabelle ein.

Ziele	Entscheidungen	Information	Kommunikation	Arbeitsorganisation	Feedback	Umgang mit Problemen

Maximal drei Punkte sind möglich. Bei allen Bereichen, bei denen Ihr Chef zwei oder mehr Punkte erreicht, sind deutliche Defizite zu erkennen.
Bei Vorgesetzten ist es häufig die Kommunikationsfähigkeit, die wenig ausgeprägt ist. Aber gerade eine gute Dialogfähigkeit muss eine Führungskraft einbringen, ein gegenseitiger Austausch und gegenseitiges Feedback muss für eine Führungskraft als normal empfunden, Probleme und Fehler müssen benannt und gemeinsam angegangen werden.

Wenn Sie handwerkliche Probleme bei Ihrem Chef sehen, sollten Sie ihn entweder darauf ansprechen oder nach Möglichkeiten suchen, diese Schwächen im Team zu kompensieren.

4.2 Wenn Ihr Chef Schwierigkeiten mit sich selbst hat

Es gibt eine weitere Möglichkeit, die zu Schwierigkeiten mit Ihrem Chef führen kann: Er hat Stress oder er macht sich Stress. Allerdings: Wer Stress hat, macht auch häufig Stress.

Je mehr Verantwortung ein Chef erhält, desto größer wird die Gefahr, dass er nicht mehr alles überblicken kann. Das ist für viele Vorgesetzte ein Stressfaktor. Denn da sie mit so viel Energie an ihrer Karriere gebastelt haben, wollen sie sich nicht dem Risiko aussetzen, ihre Macht und ihren Einfluss zu verlieren. Die Folge ist vielfach, dass sie sich mit Entscheidungen sehr schwertun und/oder alles zu kontrollieren versuchen. Manchmal schaffen sich dann die Überforderung und der Stress Raum in unerwarteten Wutausbrüchen oder großem Theater wegen Nichtigkeiten.

Es gibt nicht wenige Vorgesetzte, die mit ihren Aufgaben schlichtweg überfordert sind. Eine häufige Ursache ist als das sog. „Peter-Prinzip" beschrieben: Vorgesetzte werden so lange befördert, bis ihre Fähigkeiten für den Job eigentlich nicht mehr ausreichen. Die Anforderungen, die an sie gestellt werden, die Unfähigkeit, die sie in vielen Situationen spüren, führt bei ihnen zu Stress mit allen negativen Folgen.

Sie merken, dass sie einzelne Situationen nicht überschauen, damit nicht zurechtkommen, keine angemessenen Verhaltensweisen trainiert haben und auch keine adäquaten Lösungen für Probleme parat haben.
Stress ist häufig hausgemacht. Vielfach stecken dahinter sog. Stressprogramme, in die sich Chefs selbst hineinmanövriert haben.
Ob Ihr Chef ein Stressprogramm fährt und um welches es sich handelt, können Sie selbst überprüfen: Welche dieser Aussagen haben Sie von Ihrem Chef schon öfter gehört? Kreuzen Sie an.

A	Ich kann das einfach nicht, bei mir geht das doch wieder schief.	❑
R	Warum denn der, ich kann das doch viel besser.	❑
P	Nein, nein, wenn ich das mache, dann mache ich das auch richtig.	❑
H	Dazu habe ich nun wirklich keine Zeit, ja, auch wenn es wichtig ist, ich habe doch noch so viel zu tun.	❑
L	Ach, heute hätte ich gar nicht aufstehen sollen, Sie sehen doch, was das immer für ein Mist ist.	❑
F	Nein, damit will ich nichts zu tun haben. Das sollen andere machen.	❑

Hinter solchen typischen Äußerungen verbergen sich nicht selten bestimmte Einstellungen, die leicht zu Stress führen. Welche Aussagen haben Sie angekreuzt? Der Buchstabe in der ersten Spalte verrät Ihnen, was für ein Stressprogramm dahinterstecken kann.

P **Das Perfektionsprogramm**

Einstellung: *Wenn in meinem Bereich etwas gemacht wird, dann ordentlich.*
Bei mir ist alles immer exakt und fehlerfrei.

Perfektionisten verbringen viel Zeit und Energie damit, möglichst 100-prozentige Lösungen zu erreichen. Wahrscheinlich oft zu viel Zeit, vor allem weil sie gerne und viel kontrollieren und jede Kleinigkeit bemängeln. Denn perfekte Lösungen sind nicht immer gefordert und machen dann unnötig Arbeit. Perfektionisten arbeiten nicht selten ineffizient. Wenn ein Chef perfekte Lösungen erwartet, überträgt er seine ineffiziente Arbeitsweise gleich auch noch auf die Mitarbeiter. Außerdem setzen sich Perfektionisten und auch ihre Mitarbeiter unnötig unter Druck.

R **Das Rivalitätsprogramm**

Einstellung: *Ich will der Beste sein.*
Keiner soll an mir vorbeiziehen.

Dieser Chef will möglichst immer auf der **Siegerseite** stehen. Zurückstecken, anderen den Vortritt lassen, kommt für ihn nur schwer in Frage. Das führt häufig zu Frustration bei den Mitarbeitern, vor allem wenn ein Chef seine Mitarbeiter zur eigenen Profilierung missbraucht.

Ä **Das Ärgerprogramm**
Einstellung: *Immer geht etwas schief. Immer passieren Malheurs.*
Ab und zu geht jedem etwas schief. Das ist normal. Die Frage ist nur, wie Ihr Chef darauf reagiert. Gelassen und vielleicht mit einem Lächeln oder klagend und stets mit Vorwürfen verbunden.

H **Das Hetzprogramm**
Einstellung: *Das muss noch ganz schnell erledigt werden. Wenn ich das nicht gleich jetzt selber mache, bleibt es doch wieder liegen.*
Noch schnell dies, noch schnell das. Viele Menschen hetzen durch ihren Alltag. Was allerdings nicht bedeutet, dass sie effizient arbeiten. Denn in der Regel setzen sie kaum Prioritäten, sie arbeiten hektisch ab; wie sinnvoll die Arbeit ist und wie man die Arbeit rationalisieren kann, interessiert sie nicht. Im Gegenteil: Dann hätten sie ja vielleicht gar nicht mehr so viel zu tun und könnten nicht mehr klagen.

L **Das Leidensprogramm**
Einstellung: *Alle sind gegen mich. Niemandem kann ich es recht machen.*
Er ist der geborene Verlierer, nichts klappt, keiner mag ihn. Wer eine solch negative Einstellung hat, wird sich nach und nach immer mehr in seine **Schmollecke** zurückziehen.

F **Das Fluchtprogramm**

Einstellung: *Das lässt sich noch gar nicht absehen. Das verschieben wir auf später. Kann das nicht jemand anderes entscheiden, ich bin nicht der Richtige.*

Anforderungen, bitte nicht! Wer sich vor Anforderungen und Entscheidungen regelmäßig drückt, ist als Führungskraft eigentlich ungeeignet. Gleichzeitig lähmt er die Arbeit.

Solche Vorgesetzte wünscht sich niemand. Was können Sie tun?

Lassen Sie sich durch den Stress nicht anstecken. Unterstützen Sie Ihren Chef auf keinen Fall in seiner Haltung. Zeigen Sie auf, warum seine Haltung nicht weiterführt, und schlagen Sie eine Alternative vor. Ist Ihr Chef entscheidungsschwach, machen Sie ihm die Entscheidung leicht. Nennen Sie möglichst nur zwei Alternativen und fassen Sie die Vorteile der jeweiligen Alternative in drei Merksätzen zusammen.

4.3 Wenn Ihr Chef seine Macken pflegt

Es gibt viele nette Menschen und es gibt auch viele nette Chefs. Vielleicht haben Sie solch einen und vielleicht stört Sie dennoch die eine oder andere Eigenschaft oder Verhaltensweise an ihm. Das ist zwar unangenehm, aber sehen Sie es positiv. Einzelne Macken sind immer noch besser als eine Persönlichkeit, die Ihnen generell Schwierigkeiten bereitet. Ja, es gibt sogar eine Reihe von Macken, die kaum ins Gewicht fallen oder auch ganz amüsant sind. Sie sollen ja auch ein wenig Freude an Ihrem Vorgesetzten haben! Doch ernsthaft: Hier eine Liste häufiger Macken von Chefs (und auch mancher Mitarbeiter):

Ihr Chef ...	stimmt leider	stimmt glücklicherweise nicht	**Diagnose**
... ist niemals wirklich zufrieden, niemand kann es ihm recht machen, an allem hat er etwas auszusetzen	❑	❑	Der Nörgler
... sieht schon die nächste Katastrophe auf sich zukommen, kennt alle Probleme und deren vielfältige Ausprägungen	❑	❑	Der Schwarzseher
... vermutet hinter allem eine Absicht, unterstellt häufig eine negative Einstellung, kontrolliert gerne, fühlt sich nur wohl, wenn er alles im Blick hat	❑	❑	Der Misstrauische
... kommt dauernd mit neuen Aufgaben, erwartet, dass Sie Ihre Arbeit über alles andere stellen, jeden Auftrag annehmen, bis spät am Abend arbeiten	❑	❑	Der Ausbeuter
... hat nie richtig Zeit, versucht immer alles zwischen Tür und Angel zu erledigen, hört nur mit halbem Ohr zu, unterbricht gerne und häufig, ist hektisch und meist im Laufschritt unterwegs	❑	❑	Der Gestresste
... trifft Anordnungen, verlangt unbedingten Gehorsam, hält sich für unfehlbar, lässt gerne seine Macht spüren	❑	❑	Der Autoritäre

Ihr Chef ...	stimmt leider	stimmt glücklicherweise nicht	**Diagnose**
... kann sich über Kleinigkeiten unglaublich aufregen, ist aufbrausend, flippt plötzlich aus, ist dann unfair und gemein, braucht seine Zeit, um sich wieder zu beruhigen, kann aber auch sehr nett sein	❑	❑	Der Choleriker
... hat zu jedem Thema etwas zu sagen, gibt ungefragt seine Meinung weiter, belehrt andere sehr gerne, will immer Recht haben, gibt seine Meinung als einzig richtige Wahrheit aus	❑	❑	Der Besserwisser

Auch hier gilt wieder: Solche Macken lassen sich nicht mal eben ausmerzen, und die fünf goldenen Regeln für jede Macke gibt es leider nicht. Doch dies würde Ihnen im Alltag wenig nützen. Denn bei diesen Typen handelt es sich um eine Abstraktion, die in dieser Reinform nur sehr selten vorkommt. Menschen in eine Schublade zu stecken ist zwar einfach, wird aber den Menschen meist nicht gerecht. Jeder Mensch hat ganz unterschiedliche Facetten und ist eben nicht nur „ein Problem".

Was Sie also tun können und tun sollten, ist:

1. Überlegen Sie, welche Verhaltensweisen Sie stören. Vielleicht machen Sie sich sogar eine Liste.
   Überlegen Sie, in welchen Situationen dieses Verhalten besonders häufig auftritt und woran dies liegen könnte. Vielleicht ist Ihr Chef in diesen Situationen besonders gestresst oder er fühlt sich besonders unsicher.
2. Entwickeln Sie eine Strategie, wie Sie mit der konkreten Verhaltensweise am besten umgehen.

3. Probieren Sie die Strategie aus und überprüfen Sie den Erfolg.

Vielleicht müssen Sie dabei etwas Geduld haben und es mehrmals probieren, vielleicht müssen Sie auch etwas experimentieren, um Erfolg zu haben.
Es gibt drei grundsätzliche Strategien, die Sie erproben können:

- *Ignorieren*
  Sie gehen über sein Verhalten hinweg, tun so, als wenn er sich ganz normal verhalten würde. Der Hintergedanke: Wenn Verhalten nicht verstärkt wird, wird es häufig aufgegeben.
- *Gegenposition*
  Sie tun genau das Gegenteil von dem, was Ihr Chef tut.
  Beispiel: Ihr Chef ist aufgeregt oder aufgebracht, Sie bleiben die Ruhe selbst. Dies kann vor allem dann sinnvoll sein, wenn Aggressionen im Spiel sind.
- *Unterstützung*
  Sie tun das, was Ihr Chef tut, vielleicht noch etwas intensiver.
  Beispiel: Ihr Chef sieht gerne schwarz. Dann können Sie ihn unterstützen und ebenfalls Horrorszenarios entwerfen. Zumindest wird ihn das verunsichern, denn er wird gewohnt sein, dass man versucht, ihn zu beruhigen. Übertreiben Sie es aber nicht, Ihr Chef sollte nicht den Eindruck gewinnen, dass Sie ihn auf den Arm nehmen wollen.

Damit Sie gleich die eine oder andere Reaktion auf

problematische Verhaltensweisen ausprobieren können, hier einige Anregungen zu den einzelnen Macken:

Der Nörgler

Mit Nörglern haben Sie sicher öfter zu tun. Sie finden immer etwas Negatives, das berühmte „Haar in der Suppe". Bei Nörglern hilft am ehesten:

- Zuwenden und ausreden lassen, denn auch dieser Typ will akzeptiert werden.
- Auf die sachliche Ebene ziehen, um wieder zum eigentlichen Gespräch zurückkehren zu können.
- Motivieren, Gespräch auflockern, um die Gesprächsatmosphäre günstig zu beeinflussen.
- Vertrauen bilden, um langfristig zu einer tragbaren, positiv gestimmten Beziehung zu gelangen.

Der Schwarzseher

Sicherlich wird auch diesmal wieder etwas schiefgehen, sicherlich droht auch diesmal wieder eine Katastrophe. Das Bemerkenswerte: Wer so denkt, wird sich meist auch so verhalten, so dass ein Misserfolg wahrscheinlicher wird. Manchmal kommt es dann tatsächlich zu einer selbsterfüllenden Prophezeiung.

Begegnen Sie dieser düsteren Sichtweise, indem Sie den Schwarzseher dazu animieren, konkrete Beispiele zu benennen, wann und wo Ähnliches bereits passiert ist und mit welchen Folgen.

Fragen Sie nach, was tatsächlich passieren kann, um das Risiko abzuschätzen, wie wahrscheinlich das Auftreten ist. Schlagen Sie vor, gemeinsam zu überlegen, wie Probleme vermieden und welche vorbeugenden Maßnahmen in Frage kommen.

Der Misstrauische

Anderen zu vertrauen, das ist eine positive Eigenschaft, die leider nicht alle Chefs besitzen. Das sind dann häufig Kontrollfanatiker, die nervös werden, wenn sie nicht alles im Blickfeld haben. Mit solch einer Haltung hindert er Sie und auch sich selbst, effektiv zu arbeiten.

Bei Misstrauischen brauchen Sie einen langen Atem. Schritt für Schritt sollten Sie versuchen, ein Vertrauensverhältnis aufzubauen, indem Sie immer wieder zeigen, dass Ihr Chef sich auf Sie verlassen kann und er sich keine Sorgen um Termine und Arbeitsergebnisse zu machen braucht. Gehen Sie unmittelbar auf ihn zu, wenn sich Schwierigkeiten abzeichnen, damit zeigen Sie, dass Sie selbst Ihre Arbeit im Griff haben und Kontrollen nicht nötig sind.

Der Ausbeuter

Ausbeuter haben oft ihre Arbeit zu ihrem Lebensinhalt gemacht und erwarten dies selbstverständlich auch von ihren Mitarbeitern. Sie geben gerne Arbeit ab und erwarten, dass alles schon gestern fertig wurde. Hingegen machen sie sich selten die Mühe, zu erklären, was sie eigentlich erwarten. Die Folge können Missverständnisse und daraus folgende Unzufriedenheit beim Vorgesetzten sein. Die „unfähigen" Mitarbeiter veranlassen dann zu der Klage: *Wenn ich nicht alles selber mache.*

Ihre Möglichkeiten:

- Lassen Sie sich kein schlechtes Gewissen machen, lehnen Sie auch mal einen Auftrag ab, aber immer mit einer plausiblen Begründung.
- Wenn er mal wieder mit einem ganz dringenden

Auftrag kommt, lassen Sie ihn entscheiden, welche Arbeit vorrangig ist. Sagen Sie aber gleich, dass dafür bestimmte andere Arbeiten liegen bleiben, und fragen Sie ihn, ob dies in seinem Sinne ist.

- Übernehmen Sie neue Aufgaben, klären Sie den Arbeitsauftrag und die Erwartungen Ihres Chefs. Fragen Sie lieber einmal zu viel nach als zu wenig.

Der Gestresste

Menschen, die sich dauernd gestresst fühlen, müssen entweder lernen, ihre Arbeit besser zu organisieren, mehr zu delegieren und weniger zu kontrollieren, oder sie müssen ihre Einstellung zum Thema Stress überprüfen. Denn was für den einen in hohem Maß Stress bedeutet, ist für den anderen kein Grund, sich aufzuregen. Dass Ihr Chef meint, Stress zu haben, ist erst einmal seine Sache, Sie können dies ruhig ignorieren. Anders verhält es sich, wenn er Ihnen Stress macht, sich keine Zeit für Sie nimmt, Arbeitsdruck vorschützt, um sich vor Entscheidungen zu drücken.

Dann sollten Sie ihn darauf ansprechen. Suchen Sie sich einen Zeitpunkt aus, wo erfahrungsgemäß eher wenig zu tun ist, gehen Sie auf ihn zu und machen Sie ihm deutlich, dass Sie jetzt seine Aufmerksamkeit brauchen oder eine Entscheidung von ihm. Klappt auch das nicht, hilft vielleicht ein fester Termin.

Der Autoritäre

Manche Chefs bestimmen gerne selbst, weisen lieber an, als zu diskutieren, treffen einsame Entscheidungen, ohne sich darum zu kümmern, was die Mitarbeiter dazu meinen, und können Widerworte auf den Tod nicht

leiden. Meist leiden darunter die Zufriedenheit und die Motivation der Mitarbeiter deutlich. Hinter autoritärem Verhalten verbirgt sich nicht selten Unsicherheit. Der Chef will sich auf keinen Fall eine Blöße geben, die Zügel immer in der Hand halten.
Zeigen Sie Ihrem Chef, dass es Vorteile für ihn bringt, wenn die Mitarbeiter hinter den Entscheidungen stehen, und das geschieht vor allem dann, wenn sie selbst daran beteiligt waren. Machen Sie ihm auch deutlich, dass vielfach bessere Ergebnisse dabei herauskommen, wenn nicht nur einer an der Lösung arbeitet, sondern alle mit überlegen.

Der Choleriker
Choleriker werden von ihren Gefühlen übermannt, Kleinigkeiten genügen meist schon. Da sie ihre Ausbrüche nur sehr eingeschränkt kontrollieren können, nützt es wenig, dagegenzuhalten. Dies würde dem Choleriker nur noch mehr Munition liefern.
Das können Sie tun:

- Statt Öl auf das Feuer zu gießen, sollten Sie lieber abwarten, auch wenn es schwerfällt. Meist verziecht sich der Rauch nach kurzer Zeit.
- Suchen Sie nach einer Möglichkeit, wieder das Gespräch aufzunehmen. Sprechen Sie den Choleriker mit Namen an, das bringt meist die Aufmerksamkeit zurück.
- Falls es Ihnen zu viel wird, zu lange dauert, spätestens wenn Sie persönlich beleidigt werden, verlassen Sie den Raum.

Falls es für Sie ein Trost ist: Choleriker bedauern ihr

aufbrausendes Verhalten meist schnell wieder, auch wenn sie dies nicht gerne zugeben.
Versuchen Sie Situationen zu vermeiden, die dem Choleriker einen Anlass zu einem Ausbruch geben. Beobachten Sie, auf was er allergisch reagiert und wann er allergisch reagiert. Staut sich der Ärger auf oder gibt es Reizthemen, die allein schon für eine wütende Reaktion ausreichen? Hat sich Ihr Chef vielleicht schon oft über einen bestimmten Punkt geärgert, Fehler, Schlampigkeit oder Unzuverlässigkeit oder kommt er mit einer Sache schlecht zurecht?

Der Besserwisser
Ein Besserwisser weiß auf alles die richtige Antwort, und zwar genau die richtige. Besserwisser wollen sich und anderen immer wieder beweisen, wie gut sie sind, ein meist untrügliches Zeichen für Unsicherheit.
Nehmen Sie seine Worte ernst. Streiten Sie nicht mit ihm, es lohnt nicht. Versuchen Sie ihm die Anerkennung zu geben, derer er so nötig bedarf. Versuchen Sie ihm auch nicht nachzuweisen, dass er Unrecht hat.

Einzelne Macken von Chefs lassen sich durch gezieltes Reagieren oft gut abfedern.

4.4 Wenn Ihr Chef eine schwierige Persönlichkeit ist

Kommen wir zum schlimmsten Fall: Ihr Chef hat nicht nur einzelne Macken, sondern ist generell eine schwierige Persönlichkeit.

Warum zu viel nicht gut ist

Das Modell mit den drei unterschiedlichen Persönlichkeitspräferenzen kennen Sie ja bereits. Diese Eigenschaften sind erst einmal wertneutral. Ein freundlicher und geselliger Mensch ist sicherlich ein beliebter Mitmensch; ein stiller, schweigsamer, nachdenklicher Kollege kann interessant sein, weil man mit ihm tiefgreifende Gespräche führen kann, die einen persönlich weiterbringen.

Nun haben die jeweiligen Pole bei den Persönlichkeitspräferenzen auch immer eine Schattenseite, dann nämlich wenn die Eigenschaft ins Negative umschlägt. Sehen wir uns die drei Eigenschaften mit den jeweils zwei Gegenpolen einmal genauer an. Dann lässt sich leicht erschließen, was die schwierige Persönlichkeit Ihres Chefs ausmacht, wovon er „zuviel“ hat.

Umgang mit anderen		
Nähe suchende Persönlichkeiten		**distanzierte Persönlichkeiten**
freundlich – gesellig – zuvorkommend – warmherzig – lebhaft – gesprächig – aufgeschlossen – rücksichtsvoll	⟺	zurückhaltend – verschlossen – vorsichtig – selbstkritisch – anpassungsfähig

Nähe suchende Persönlichkeiten

Manche Vorgesetzte reden viel und sagen wenig. Sie drücken sich genauso umständlich wie nichtssagend aus. Die Mitarbeiter wissen nicht, woran sie sind und nicht, wo es lang geht. Sie bekommen zwar gesagt, wie toll sie sind und werden auch nicht kritisiert, aber das Lob bleibt oberflächlich und unspezifisch.

Sie versuchen es allen recht zu machen und machen es dadurch keinem recht. Dabei möchten sie selbst von allen gemocht werden.

Dass Chefs kommunikativ sind, ist ja eigentlich zu begrüßen. Aber man kann des Guten auch zuviel tun. Wenn Sie Ihre Arbeit nicht mehr schaffen, weil der Vorgesetzte mal mit Ihnen Kaffee trinken will, mal mit Ihnen über ein Projekt lange und ausführlich reden will, ohne dass am Ende konkrete Ergebnisse stehen, wenn er Sie mehrmals am Tag besuchen kommt, um mit Ihnen zu plauschen, kann das nervig sein.

Welche Verhaltensweisen zeigt Ihr Chef? Bitte kreuzen Sie an.

Das spezifische Verhalten kann für Sie ein erster Anknüpfungspunkt sein, um eine passende Strategie zu entwickeln.

Bitte kreuzen Sie an.

Ihr Chef ...	stimmt leider	stimmt glücklicherweise nicht
... ist eine Plaudertasche	❑	❑
... nervt Sie mit seinem Geschwätz	❑	❑
... weiß alles besser	❑	❑
... muss zu allem und jedem noch eine Anekdote beisteuern	❑	❑
... will andauernd der andere von seiner Meinung überzeugen	❑	❑
... will ständig seine Ideen an den Mann bringen	❑	❑

4. Wie Sie mit den Macken Ihres Chefs am besten umgehen

Ihr Chef ...	stimmt leider	stimmt glücklicherweise nicht
... stört einen bei der Arbeit mit irgendwelchen Belanglosigkeiten	❑	❑
... spielt sich gerne auf	❑	❑
Welche Verhaltensweisen fehlen? Bitte ergänzen Sie:		

Wenn Ihr Chef mal wieder um den heißen Brei herumredet, versuchen Sie ihn zu fassen. Fragen Sie nach, lassen Sie sich die Zusammenhänge erklären, ermutigen Sie ihn, seine Meinung zu äußern. Zeigen Sie ihm, dass Sie auch mit Kritik und schlechten Nachrichten gut umgehen können.

Machen Sie es sich zur Gewohnheit, ihn aufzusuchen, wenn etwas zu besprechen ist, dann können Sie das Gespräch einfacher beenden. Versuchen Sie im Gespräch, Abschweifungen zu vermeiden und Ihren Chef mit konkreten Fragen wieder zum Thema zurückzuführen. Sagen Sie ihm ruhig, dass Sie im Moment leider keine Zeit für ihn haben, weil Sie dringend noch die Aufgabe abschließen müssen, außer natürlich, es ist etwas Wichtiges.

Distanzierte Persönlichkeiten

Solche Chefs haben nie richtig gelernt, mit anderen Menschen frei und locker umzugehen. Sie fühlen sich wohl, wenn sie für sich sind und in Ruhe ihre (Sach-) Arbeit machen dürfen. Als Führungskräfte sind sie eigentlich nicht geeignet. Dennoch finden sie sich häufig in Chefetagen, weil sie in der Regel hervorragende Fachleute sind. Sie halten ihre Mitarbeiter auf Distanz und können mit Teamarbeit meist nichts anfangen. Sie geben ungern etwas von sich preis, trennen Arbeit und Privatleben strikt voneinander.

Für Menschen, die Distanz zu anderen benötigen, haben wir eine Reihe von Ausdrücken parat: Einzelgänger, Eigenbrötler, Sonderlinge, Kauze. Allen Typen ist gemeinsam, dass sie sich gerne zurückziehen, den Kontakt mit anderen meiden und wenig mit Gefühlen anfangen können.

Ihr Chef ...	stimmt leider	stimmt glücklicherweise nicht
... hat wenig Vertrauen zu seinen Mitarbeitern	❑	❑
... meidet persönliche Kontakte	❑	❑
... gibt ungern etwas über sich preis	❑	❑
... kann sich nur schwer für irgendetwas begeistern	❑	❑
... lässt selten Gefühle erkennen	❑	❑
... kontrolliert gerne und viel	❑	❑
... ist misstrauisch	❑	❑
... macht gerne die Tür hinter sich zu	❑	❑
Welche Verhaltensweisen fehlen? Bitte ergänzen Sie:		

Bei solch einem Verhalten bekommen viele Mitarbeiter zu wenig Aufmerksamkeit, noch weniger Anerkennung. Sie wissen nicht, wie sie ihren Chef einschätzen sollen, seine eher schroffe, abweisende Art ist schwer zu interpretieren, schnell hat der Mitarbeiter den Eindruck, etwas falsch gemacht zu haben. Die Folge ist Unsicherheit. Gehen Sie auf ihn zu und versuchen Sie zu ermitteln, worauf Ihr Chef Wert legt. Bieten Sie sich als Gesprächspartner an. Vielleicht findet Ihr Chef ja in Ihnen eine Person, die eine Mittlerfunktion zu den anderen Mitarbeitern übernimmt.

Einstellung zur Arbeit		
zwanghafte Persönlichkeiten		**distanzierte Persönlichkeiten**
überkorrekt – pedantisch – kleinlich – fehlerfixiert – zahlenverliebt	⟺	chaotisch – unberechenbar – launenhaft – unbeherrscht – flatterhaft – oberflächlich

Zwanghafte Persönlichkeiten

Ihr Chef ist ein Pfennigfuchser, pedantisch und kleinlich. Bei zwanghaften Persönlichkeiten muss alles geregelt und geordnet sein, sonst fühlen sie sich unwohl. Sie versuchen, möglichst alles zu kontrollieren, und haben Schwierigkeiten, anderen zu vertrauen.

Regeln geben Halt und genau das braucht dieser Cheftyp. Zwanghafte Menschen können sich schnell zu Pedanten und Nörglern entwickeln. Zu diesem Typ gehört auch der Perfektionist, es ist fast unmöglich, ihm etwas recht zu machen.

Diskutieren Sie mit einem solchen Chef nicht darüber, ob alles 100-prozentig sein muss. Sie werden ihn kaum zu einer anderen Meinung bringen. Um mit Pedanten zurechtzukommen, können Sie drei verschiedene Strategien nutzen:

- Sie sichern die Qualität Ihrer Ergebnisse ab, in dem Sie sie etwa von einem Kollegen überprüfen lassen – so vermindern Sie Reibungsflächen und Ärger.
- Sie spezialisieren sich auf ein Gebiet, das dem Pedanten fremd ist – so schaffen Sie sich Freiräume.
- Sie überhäufen ihn mit Arbeit, schicken ihm jedes noch so minimale Arbeitsergebnis, jede Notiz – und hoffen, dass ihm das zu viel wird.

Ihr Chef ...	stimmt leider	stimmt glücklicherweise nicht
... beschäftigt sich gerne mit Kleinigkeiten	❑	❑
... versucht alles und jedes zu regeln	❑	❑
... hat Schwierigkeiten mit unerwarteten Ereignissen	❑	❑
... liebt Strukturen, Pläne, festgezurrte Abläufe	❑	❑
... ist ein Pfennigfuchser	❑	❑
... ist pedantisch und kleinlich	❑	❑
... ist überkritisch	❑	❑
... hält starr an Bewährtem fest	❑	❑
Welche Verhaltensweisen fehlen? Bitte ergänzen Sie:		

Versuchen Sie seine Erwartungen im Vorfeld zu ermitteln, um umfängliche Nachbesserungen zu vermeiden, denn dies wirkt sich negativ auf Ihre Motivation aus.

Chaotische Persönlichkeiten

Auch der lebendige Mensch hat seine Schattenseite: Er kann sprunghaft sein, unzuverlässig, unglaubwürdig. Er verspricht viel und hält wenig. Er arbeitet mit Ausreden und Ablenkungsmanövern, er ist eben ein echter Chaot.

Ihr Chef ...	stimmt leider	stimmt glücklicherweise nicht
... ändert häufig seine Meinung	❑	❑
... macht leere Versprechungen	❑	❑
... steht auf Kriegsfuß mit Strukturen	❑	❑
... plant zu wenig	❑	❑
... hält sich nicht an Absprachen	❑	❑
... kommt dauernd mit neuen Ideen	❑	❑
... hält Termine nicht ein	❑	❑
... findet immer neue Ausreden	❑	❑
Welche Verhaltensweisen fehlen? Bitte ergänzen Sie:		

Solche Chefs haben es zwar nicht gerne, wenn sie sich festlegen sollen, aber dies dürfte die einzige Möglichkeit sein. Bringen Sie Ihren Chef dazu, Entscheidungen zu fällen, Zuständigkeiten, Abläufe, Termine und Ergebnisse festzulegen. Dazu müssen Sie möglicherweise mehrfach nachfragen und nachhaken. Vergewissern Sie sich, dass es Ihrem Chef ernst ist mit seiner Entscheidung. Schreiben Sie Gesprächsergebnisse vor seinen Augen auf, vielleicht erstellen Sie auch ein kurzes Protokoll der Gesprächsergebnisse und schicken es ihm zu. Betonen Sie bei jeder Gelegenheit, dass es darüber ja bereits Absprachen und Festlegungen gibt. Weicht er trotzdem davon ab, sprechen Sie ihn darauf an. Machen Sie ihm die Folgen deutlich.

Umgang mit sich selbst		
egozentrisch-aggressive Persönlichkeiten		**labile Persönlichkeiten**
selbstgefällig – eingenommen – arrogant – aggressiv – egozentrisch	⇔	ängstlich – aufbrausend – übervorsichtig – konservativ

Egozentrische und aggressive Persönlichkeiten

Ihr Chef hält sich für den Größten, geradezu für unfehlbar, verkauft ein Bild von sich, dem er gar nicht entspricht, ist auf Macht und Prestige aus, braucht viel Anerkennung. Hinter diesem Verhalten verstecken sich nicht selten Selbstzweifel.

In dieser Gruppe finden sich viele bekannte Cheftypen: der Selbstdarsteller, der Aggressive, der Tyrann, der Feuerspucker – allen Typen ist gemeinsam, dass sie sehr von sich eingenommen sind und sehr unangenehm werden können.

Mit einem egozentrischen Chef können Sie noch einigermaßen umgehen. Er möchte gerne im Mittelpunkt stehen. Er nutzt andere gerne aus, lässt sie für sich arbeiten, Hauptsache, er erntet die Anerkennung und den Ruhm.

Mit aggressiven Chefs ist es schwieriger, umzugehen. Denn sie haben als Chefs zudem viele Möglichkeiten, Mitarbeiter vor den Kopf zu stoßen und einzuschüchtern. Wenn solch ein Chef andere zu „Schnecke" macht, kuschen die Mitarbeiter, zeigen sie ihre Ohnmacht gegenüber den Aggressionen, hat er genau das erreicht, was er beabsichtigt: zu zeigen, wie mächtig er ist. Was wiederum seinem Selbstbewusstsein gut tut. Da der Vorgesetzte daraus eine Befriedigung zieht, ist nicht zu erwarten, dass er dieses Verhalten aufgibt.

Ihr Chef ...	stimmt leider	stimmt glücklicherweise nicht
... kann schlecht mit Kritik umgehen	❑	❑
... zeigt wenig Einfühlungsvermögen	❑	❑
... redet gerne von sich selbst	❑	❑
... beansprucht Erfolge gerne für sich	❑	❑
... nutzt Mitarbeiter gerne aus	❑	❑
... ist neidisch auf den Erfolg anderer	❑	❑
... nimmt auf die Wünsche seiner Mitarbeiter wenig Rücksicht	❑	❑
... sieht seine Leute weniger als Mitarbeiter, mehr als Zuarbeiter	❑	❑
... arbeitet gerne und viel mit Druck	❑	❑
... ist unberechenbar	❑	❑
Welche Verhaltensweisen fehlen? Bitte ergänzen Sie:		

Damit sind wir bei Ihrem Verhalten: Vermeiden Sie es, Ihrem Chef das Gefühl zu geben, dass er Sie mal wieder so richtig eingeschüchtert hat. Versuchen Sie in der Situation Ihre Worte, Ihre Stimme und Ihre Körperhaltung zu kontrollieren. Achten Sie darauf

- Entschuldigungen und wortreiche Erklärungen zu vermeiden
- In normaler Lautstärke und mit sachlichem Ton zu sprechen
- Abweisende Gesten zu vermeiden
- Blickkontakt zu halten

Sagen Sie, was Sie meinen, kurz und knapp, sachlich und begründet. Vermeiden Sie Auseinandersetzungen darüber, wer Recht hat. Ihre Meinung, Ihre Sichtweise ist genauso berechtigt wie die Ihres Chefs.
Auch wenn es Ihnen bei einem solchen Chef schwerfällt: Wenn mal etwas schiefläuft, sollten Sie Ihren Chef davon schnell und vor allem persönlich informieren.

Achten Sie bitte darauf: Nicht alles gefallen lassen, nicht herumschubsen lassen, aber auch Konfrontation vermeiden, sonst übt er noch mehr Druck aus.

Labile Persönlichkeiten

Diese Chefs sind unsicher und reagieren häufig überempfindlich. Sie halten sich gerne bedeckt, gehen Auseinandersetzungen und Problemen aus dem Weg und trauen sich nicht, die kleinste Entscheidung zu fällen, sie könnte ja falsch sein. Stattdessen verschieben sie Entscheidungen gerne. Sie stimmen gerne anderen zu, egal welche Meinung sie vertreten.
Sie versuchen sich immer und überall abzusichern und alles und jeden zu berücksichtigen.

Labile Persönlichkeiten haben auch ihre guten Seiten: Ihre Angestellten können meist ungestört arbeiten und auch einiges selbst entscheiden.
Labile Persönlichkeiten brauchen viel Aufmerksamkeit, Anerkennung und Unterstützung. Helfen Sie Ihrem Chef, indem Sie ihn mehr loben als kritisieren. Versuchen Sie eine Vertrauensbasis mit ihm aufzubauen.

Ihr Chef ...	stimmt leider	stimmt glücklicherweise nicht
... misstraut anderen Menschen	❑	❑
... vermutet hinter harmlosen Bemerkungen gleich Dramatisches	❑	❑
... fühlt sich schnell übergangen	❑	❑
... meidet Entscheidungen	❑	❑
... sichert sich gerne nach allen Richtungen hin ab	❑	❑
... schiebt Aufgaben vor sich her	❑	❑
... gerät schnell unter Stress	❑	❑
... befürchtet immer gleich das Schlimmste	❑	❑
Welche Verhaltensweisen fehlen? Bitte ergänzen Sie:		

Wenn er Schwierigkeiten hat, Entscheidungen zu fällen, helfen Sie ihm dabei:

- Stellen Sie ihm zwei Alternativen zur Wahl. Skizzieren Sie kurz zu jeder Alternative die Vor- und Nachteile.

- Fragen Sie ihn, ob Sie oder das Team die Entscheidung fällen soll. Zeigen Sie die Vorteile einer solchen (gemeinsamen) Entscheidung auf.
- Erläutern Sie ihm, in welche Richtung andere tendieren. Besonders wirkungsvoll ist es, wenn Sie ihm aufzeigen, welche Meinung sein Chef oder die Leitung vertritt.

4.5 Wenn Ihr Chef es auf Sie abgesehen hat

Das Verhältnis zu Ihrem Chef ist zerrüttet, Sie finden keinen Zugang mehr zu ihm, die Kommunikation beschränkt sich auf das Allernötigste, Sie verkehren überwiegend schriftlich miteinander, Sie erhalten von ihm Anweisungen.
Sie finden sich auf der schwarzen Liste wieder, auf die Ihr Chef „unliebsame" Mitarbeiter führt. Ihre Chancen, von dieser Liste wieder gestrichen zu werden, sind äußerst schlecht, weil Ihr Chef auf scheinbar negatives Verhalten Ihrerseits fixiert ist, permanent nach dem Haar in der Suppe sucht und dies nach intensivem Bemühen auch findet.
Ihr Chef betreibt eine Politik der kleinen Nadelstiche, schustert Ihnen unliebsame Aufgaben zu, lässt Sie gerne im Regen stehen, macht Sie bei Problemen zum Schuldigen und versucht, einen Keil zwischen Ihre Kollegen und Sie zu treiben.
Trifft diese Beschreibung auf Ihre Situation zu, betreibt Ihr Chef mit Ihnen Mobbing. Beim Mobbing handelt sich also um einen systematischen Psychoterror.

Dazu gehört:

- Verbreitung falscher Gerüchte:
  Über Sie werden Unwahrheiten verbreitet, um Ihrem Ruf zu schaden.
- Ausgrenzung:
  Sie werden beispielsweise nicht zu geselligen Veranstaltungen oder wichtigen Treffen eingeladen.
- Beleidigungen:
  Sie werden von Ihrem Chef öffentlich angefeindet und mit Worten beleidigt.
- Zurückhalten wichtiger Informationen:
  Ihnen werden wichtige Informationen verschwiegen.
- Angriffe auf die Möglichkeit, sich mitzuteilen:
  Sie werden von Ihrem Chef ständig unterbrochen und hören ständig Kritik an Ihrer Arbeit.
- Angriffe auf die sozialen Beziehungen:
  Sie werden wie Luft behandelt, in einen entfernten Raum versetzt und Kollegen wird verboten, Sie bei Fragen anzusprechen.
- Angriffe auf das soziale Ansehen:
  Hinter dem Rücken wird schlecht über Sie gesprochen.

Falls die Beschreibung tatsächlich auf Ihre Situation zutrifft, bleiben Ihnen drei Möglichkeiten:

- Suchen Sie umgehend das Gespräch mit Ihrem Chef. Es ist wichtig, dass Sie vorher Material sammeln, das sein Fehlverhalten dokumentiert, denn Sie müssen damit rechnen, dass er alles abstreitet.
- Wenden Sie sich an Ihren Betriebsrat oder die Gleichstellungsbeauftragte.
  Sie haben ein gesetzlich verbrieftes Recht, dass auf

Ihr Persönlichkeitsrecht, Ihre Gesundheit und Ihre berechtigten Interessen als Arbeitnehmer Rücksicht genommen wird.

- Versuchen Sie, einen anderen Job zu finden.
  Auch wenn sich Ihr Chef wahrscheinlich genau dies wünscht.

Nicht jeder Vorgesetzte ist als Führungskraft geeignet.
Sollte Ihr Chef seine Führungsinstrumente wie richtige Information und Kommunikation nicht beherrschen, können Sie für Ausgleich sorgen.
Bei bestimmten Eigenarten Ihres Chefs und bei schwierigen Persönlichkeiten können Sie versuchen, über gezielte Reaktionen die negativen Folgen seines Verhaltens abzumildern.

5. Wie Sie weitere Probleme vermeiden

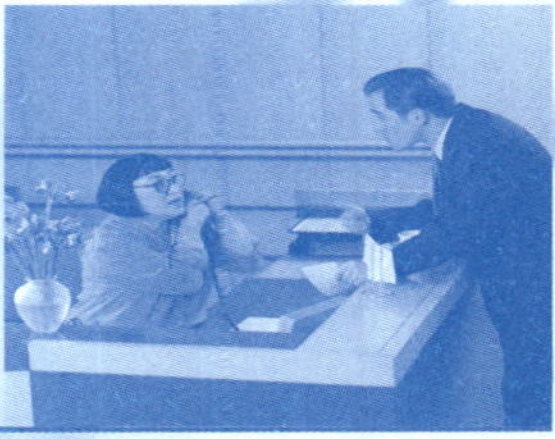

5.1 Wie Sie einen besseren Draht zu Ihrem Chef finden

Was können Sie dafür tun, mit Ihrem Chef besser auszukommen?
Vielleicht erscheint Ihnen diese Frage auf den ersten Blick ungewöhnlich, denn Sie bemühen sich ja, Sie sind ja nicht das Problem, Sie haben es lediglich. Andererseits wissen Sie ja: Es gibt nur zwei Menschen, die an den Schwierigkeiten arbeiten können, Ihr Chef und Sie. Und wollen Sie warten, bis Ihr Chef etwas tut?

Ermitteln Sie seine Erwartungen
Ihr Chef hat (mit Recht) bestimmte Erwartungen an Sie. Und er wird enttäuscht bis ungehalten sein, wenn Sie seinen Erwartungen nicht entsprechen. Um dies zu vermeiden, müssen Sie seine Erwartungen kennen. Seine Erwartungen beinhalten aber nicht nur das, was er Ihnen gegenüber äußert. Es kann auch Erwartungen geben, die Sie nicht kennen, ja die vielleicht Ihrem Chef gar nicht bewusst sind. Da hilft nur wieder: Beobachten und nachfragen. Beispiel: Sie kommen schon mal zu spät zu Besprechungen, Ihr Chef scheint das kaum zu bemerken, aber im Grunde missbilligt er dies Verhalten als Mensch, der Pünktlichkeit für eine Zier und Unpünktlichkeit für eine Unart hält.

Achten Sie auf eine gute Kommunikation
Sobald Menschen Schwierigkeiten miteinander bekommen, verlieren sie schnell die Lust, sich miteinander auseinanderzusetzen. Ja, es ist sogar nachgewiesen,

dass man zu Menschen, die man unsympathisch findet, weniger Blickkontakt hat und sich auch weiter von ihnen wegsetzt oder -stellt. Körpersprachlich drückt man damit aus: *Lass mich in Ruhe*. In vielen Fällen wird Ihr Gegenüber dies wahrnehmen, allerdings meist unbewusst.

Weniger Kommunikation bedeutet aber auch, weniger Möglichkeiten, das Bild, das man vom anderen hat, und die Erfahrungen, die man mit ihm machen konnte, zu präzisieren, vielleicht auch zu revidieren. Das negative Bild wird sozusagen eingefroren.

- Zu einer guten Kommunikation gehört auch, dass Sie Ihrem Chef die Anerkennung geben, die (auch) er verdient. Möglicherweise ist dieser Gedanke für Sie ungewöhnlich: Ihren Chef, der Ihnen so viel Schwierigkeiten macht, sollen Sie jetzt auch noch loben? Andererseits:
- Jeder Mensch freut sich über Anerkennung und findet Menschen sympathisch, die ihm dies geben.
- Wenn Sie darauf achten, was anerkennenswert ist, werden Sie positive Dinge im Verhalten Ihres Chefs bemerken – was Ihr negatives Vorgesetztenbild aufhellt.
- Wer lobt, stellt sich auf eine Ebene mit dem anderen. Das kann Ihr Verhältnis entkrampfen.

Hüten Sie sich vor Äußerungen, die sich irgendwie nach Tadel, Vorwurf, Unverständnis oder Abwertung anhören. Gerade Chefs, die sich der Probleme mit Mitarbeitern bewusst sind, entwickeln oft sehr sensible Antennen für Äußerungen, die sich negativ anhören könnten, ob Sie sie so gemeint haben oder nicht.

Vermeiden Sie deshalb möglichst alle Wörter, die sich (zu) negativ anhören. Begriffe wie Problem, Fehler, Fehleingabe, Verschulden sollten Sie durch Wörter ersetzen, die sich positiver anhören, oder einfach vermeiden beziehungsweise umschreiben.

5.2 Wie Sie Probleme und Missverständnisse klären können

Reden Sie mit Ihrem Chef

Oft hilft nur ein klärendes Wort, oft hilft nur, die Probleme konkret anzusprechen. Das fällt den meisten Menschen schwer, was verständlich ist. Denn eine ehrliche Rückmeldung ist immer mit gewissen Risiken verbunden, den Risiken, dass der andere Sie missversteht, Sie missverstehen will oder gar nicht hören will, was Sie zu sagen haben.

Je länger Probleme im Raum stehen, desto schwieriger kann solch ein Gespräch werden. Das liegt daran, dass (zu) viele Gefühle mit im Spiel sind, Enttäuschungen, Wut, Frust.

Dann wird man schnell unsachlich, hört nicht mehr richtig zu, unterbricht, reagiert vornehmlich auf bestimmte Reizwörter und wird schnell laut. Gerne führt man dann auch Gegebenheiten an, die vielleicht schon länger zurückliegen, an die man sich aber noch sehr genau erinnern kann, zumindest was das unsägliche Verhalten des anderen betrifft.

Versuchen Sie Ihre Emotionen im Zaum zu halten, lassen Sie sich durch die Emotionen Ihres Chefs nicht anstecken. Das ist natürlich leichter gesagt als getan.

Schließlich sind Sie auch nur ein Mensch. Aber es gibt keine Alternative. Denn ansonsten schaukeln Sie sich schnell gegenseitig hoch, ein Wort folgt dem anderen, der Ton wird rauer, die Lautstärke erhöht sich. Am Ende einer solchen Eskalationsspirale stehen zwei Verlierer, die es nicht geschafft haben, vernünftig miteinander zu reden, und zudem weiteres Porzellan zerschlagen haben. Schützen können Sie sich dagegen durch zwei Hilfen:

- ein Gefühlsschild, das Sie davon abhält, alles Gesagte wortwörtlich und als persönlichen Angriff zu werten
- ein Reaktionsschild, das Sie hindert, mit gleicher Münze zurückzuschlagen, auch wenn es nur verbal ist

Sie sind ruhig, sicher und professionell, und daran ändern auch kritische und emotional geladene Situationen nichts.

Sozusagen prophylaktisch, als bewusster Gegenpol sollten Sie auf eine entgegenkommende Körpersprache und eine angemessene Sprache achten.

Körpersprache ist ein persönliches Ausdrucksmittel wie die Sprache selbst. Zeigen Sie körpersprachlich, dass Sie im Gespräch aufgeschlossen und interessiert sind. Sie kennen sicher die vielen ablehnenden Signale, die man bewusst oder unbewusst senden kann: verschränkte Arme, kalte Schulter zeigen, abweisender Gesichtsausdruck u. a.

Zu einer günstigen Körpersprache gehören:

- ein freundliches Gesicht
- ein guter Blickkontakt
- eine offene Gestik
- eine zugewandte Haltung

Es gibt Gelegenheiten, die sich für ein Feedback anbieten und die Sie nutzen können. Das sind erst einmal alle Gesprächsformen, die in Ihrer Firma als Instrumente der Personalentwicklung eingeführt sind: Mitarbeitergespräch, Fördergespräch, Jahresgespräch, Beurteilungsgespräch und so weiter. Hier haben Sie den Vorteil, dass Sie Ihren Vorgesetzten nicht mit Ihrer Rückmeldung überraschen, weil er ohnehin damit rechnet.
Ansonsten hilft nur, das Gespräch zu suchen. Wenn Sie sich mit Ihrem Chef aussprechen wollen, sollten Sie das Gespräch ankündigen und dabei das Thema benennen. Fragen Sie ihn, wann er Zeit hat, lassen Sie ihn einen Terminvorschlag machen und achten Sie darauf, dass das Gespräch zu einem Zeitpunkt stattfindet, wo beide die nötige Ruhe haben, etwa am späten Nachmittag.

Führen Sie das Gespräch bald, so schwierig und belastend es auch sein mag.

Führen Sie aber möglichst kein Gespräch, wenn Sie entweder wegen einer Auseinandersetzung noch sehr von Ihren Gefühlen in Anspruch genommen sind oder wenn Sie sich über etwas anderes geärgert haben. Dann sind Sie vielleicht schon auf 180 und das Gespräch kann leicht eskalieren. Keine Regel ohne Ausnahme: Manchmal ist es gut, Ihre Sicht der Dinge unmittelbar im Anschluss an die Auseinandersetzung anzusprechen – aber nur dann, wenn Sie die nötige Ruhe und Distanz haben.

5.3 Wenn die Chemie einfach nicht stimmt

Sie sind aufgeschlossen, tragen nichts nach und bemühen sich redlich um eine störungsfreie Zusammenarbeit. Aber Ihr Chef ignoriert dies und lässt sich nicht von seinem nervigen und störenden Verhalten abbringen. Dann sollten Sie überlegen, welche Möglichkeiten Ihnen noch bleiben.

Planen Sie den Aufstand

Sie waren bisher gegenüber Ihrem Chef immer loyal, trotz seines Verhaltens, trotz des Ärgers, den Sie seinetwegen hatten. Jetzt reicht es Ihnen. Sie überlegen, ob Sie nicht dagegen vorgehen sollen, denn Ihr Chef zeigt keine Einsicht und keine Tendenz, sein Verhalten zu ändern. Ein Aufstand ist eine Option, aber eine Option, die Sie sich gut überlegen sollten. Machen Sie als Erstes eine Bestandsaufnahme:

- Welches Ziel wollen Sie damit erreichen?
- Sind die Ziele, etwa Ihren Chef loszuwerden, realistisch?
- Welchen Stress nehmen Sie dafür in Kauf?
- Wie stark ist Ihre Position?
- Wer sind Ihre Verbündeten?
- Wie groß sind die Macht und der Einfluss dieser Verbündeten?
- Würden sie auch zu Ihnen stehen, wenn es hart auf hart geht?

Ein solcher Weg ist gefährlich, und es könnte am Ende zwei Verlierer geben: Ihren Chef und Sie. Deshalb sollten Sie sich auch überlegen, was bleibt, wenn Ihr Plan nicht funktioniert.

Ein besserer Weg könnte sein, offen mit Personen zu reden, die Einfluss auf Ihren Chef haben: der Chef Ihres Chefs, das Personalreferat, vielleicht ein externer Berater.

Suchen Sie sich eine neue Arbeitsstelle

Auch eine Kündigung ist eine Option, am besten, nachdem Sie eine neue Stelle in Aussicht haben. Allerdings ist dies in wirtschaftlich unsicheren Zeiten mit vielen Konkurrenten auf dem Arbeitsmarkt meist nicht so einfach. Ob die Kündigung für Sie das Richtige ist, hängt von der Beantwortung einiger Fragen ab:

- Wie gut sind Sie qualifiziert?
  Je besser Sie qualifiziert sind, desto größer die Chance, eine neue, adäquate Stelle zu finden.
- Wie stark ist der Bewerbermarkt umkämpft?
  Je mehr Konkurrenten auf dem Markt, desto geringer Ihre Chance auf einen guten Job.
- Wie lange arbeiten Sie bereits in Ihrer Firma?
- Wenn Sie bereits nach einem Jahr die Stelle wieder aufgeben wollen, macht das bei Bewerbungsgesprächen keinen guten Eindruck – außer Sie finden eine gute Begründung.
- Was würden Sie auf sich nehmen?
  Würden Sie in eine andere Stadt umziehen? Würden Sie pendeln, bis Sie die Probezeit hinter sich haben? Würden Sie auch eine schlechter dotierte Stelle annehmen? Auch diese Fragen sollten Sie mit sich klären.

Da es ja „nur“ der Chef ist, der Sie stört, können Sie auch versuchen, innerhalb Ihrer Firma eine neue Aufgabe zu finden, in einer anderen Abteilung, in einer anderen Außenstelle.

Sollte es Ihnen schon häufiger passiert sein, dass Sie Schwierigkeiten mit Ihren Vorgesetzten hatten, ist vielleicht die Selbstständigkeit eine Option. Aber auch hier sollten Sie sich keine allzu großen Illusionen machen: Selbstständig zu sein bedeutet nicht automatisch, viel Geld zu verdienen, und heißt tatsächlich häufig *selbst* und *ständig*.

Schaffen Sie sich Rückzugsmöglichkeiten

Auch das ist eine Möglichkeit: Schaffen Sie sich einen größeren Abstand, von den Aufgaben her und vielleicht auch räumlich. Vielleicht gibt es in Ihrer Firma ein Projekt oder eine Sonderaufgabe, die Sie (zusätzlich) übernehmen können. Voraussetzung ist dabei allerdings, dass Ihr Chef dann nicht wieder Ihr Auftraggeber und direkter Ansprechpartner ist.
Vielleicht ist es auch möglich, dass Sie sich als Fachmann in einem bestimmten Feld profilieren, einem Feld, auf dem Ihr Chef wenig Kenntnisse und Erfahrungen hat und Ihnen deshalb weniger hereinreden kann.

Versuchen Sie die Sympathie Ihres Chefs zurückzugewinnen, damit Sie aus der Schusslinie geraten.
Setzen Sie auf eine gute Kommunikation.
Suchen Sie das Gespräch mit Ihrem Chef. Reden Sie über Ihre Probleme und suchen Sie gemeinsam nach Lösungen.
Achten Sie auf die richtige Form des Feedbacks.
Wenn gar nichts mehr hilft: Suchen Sie sich Alternativen.

Weiterführende Literatur

- Robert Bramson, Schwierige Chefs und wie man mit ihnen umgeht, Droemer Knaur, München 1996
- Hans Friedrich, Die ersten Tage am neuen Arbeitsplatz, Falken, Niedernhausen 1988
- Jürgen Hesse, Hans Christian Schrader, Die Neurosen der Chefs, Piper, München 1999
- Ingo Krawiec, Umgang mit Vorgesetzten, Cornelsen, Berlin 2005
- Rolf Meier, Das 1 × 1 der Selbstmotivation, Gabal, Offenbach 2005
- Klaus Rischar, Spielregeln für den Umgang mit Chefs, Mosaik, München 1991
- Margit Schönberger, Mein Chef ist ein Arschloch, Ihrer auch?, Goldmann, München 2006

Stichwortverzeichnis